poisson
et fruits de mer

poisson
et fruits de mer

marabout

Pour l'éditeur, le principe est d'utiliser des papiers composés de fibres naturelles, renouvelables, recyclables et fabriquées à partir de bois issus de forêts qui adoptent un système d'aménagement durable. En outre, l'éditeur attend de ses fournisseurs de papier qu'ils s'inscrivent dans une démarche de certification environnementale reconnue.

Publié pour la première fois en Australie en 2003 sous le titre *Fish Food*.

Traduit de l'anglais par Farrago
Mise en pages : les PAOistes

© 2003 Murdoch Books
© 2008 Marabout (Hachette Livre) pour la traduction et l'adaptation de la présente édition

photo page 1 © Tomo Jesenicnik / shutterstock
photo pages 2-3 © Shang Pei Lin / shutterstock
photo pages 6-7 © Jacek Chabraszewski / shutterstock
photo pages 236-237 © Alex Staroseltsev / shutterstock

Édition 01
Dépôt legal : janvier 2008
ISBN : 978-2-501-05765-3
Codif : 40 4600 9
Imprimé en Espagne par Quebecor-Cayfosa

sommaire

introduction

acheter et conserver les fruits de mer

Le meilleur reste le poisson frais, mais les produits surgelés nous rendent de grands services. Ils seront meilleurs si vous les faites décongeler au réfrigérateur.

les petits crustacés

Les crevettes, les langoustines ou les cigales de mer, ne doivent pas être flasques et la tête doit rester bien accrochée au corps quand vous les soulevez. Si vous achetez des crevettes vivantes, en particulier les petites crevettes grises, veillez à ce qu'elles soient très frétillantes, signe d'une grande fraîcheur. Pour les conserver, mettez-les dans un récipient

et couvrez-les d'un torchon humide avant de les garder au réfrigérateur (1 jour maximum).

les écrevisses

Elles ne s'achètent que vivantes, fraîchement sorties du vivier où elles sont conservées. Elles bougent beaucoup et peuvent pincer très fort. Tenez-les par la tête, juste derrière les pinces.

les crabes

Ils s'achètent vivants. Sur les étals des poissonniers, vous trouverez les araignées de mer, les tourteaux et les étrilles mais très rarement les espèces exotiques. Soulevez-les d'une main : les pattes doivent s'agiter (tranquillement pour les tourteaux, plus frénétiquement pour les étrilles, petits crabes qui se faufilent entre les rochers). Plus les crabes sont lourds, plus ils sont pleins. Vérifiez qu'ils ont toutes leurs pattes et pinces. Les femelles sont souvent plus appréciées : on les reconnaît à leur languette abdominale, plus large que celui des mâles.

langoustes et homards

Ils sont très chers. Quand vous les soulevez, les antennes doivent remuer, les pâtes s'agiter et la queue se replier vite sous le corps, signes qu'ils sont bien vivants… Soupesez-les pour choisir les plus pleins. Conservez-les 1 jour dans le bac à légumes du réfrigérateur.

les filets de poisson

Ils doivent présenter une couleur franche, une chair ferme et ne pas avoir de signe de sécheresse. Les darnes seront découpées devant vous dans un poisson entier. Gardez-les dans un récipient couvert dans la partie la plus froide du réfrigérateur ; darnes et filets peuvent se conserver 2 jours.

les poissons entiers

Ils doivent avoir des écailles brillantes. Méfiez-vous des vendeurs peu scrupuleux qui arrosent leur banc pour lui donner jolie mine. Une chair ferme, un œil saillant et brillant, des ouïes rouges sont un signe de grande fraîcheur.

les moules

Elles sont différentes selon la façon dont elles ont été élevées. Celles dites de bouchot sont attachées en grappes sur des pieux ; plutôt petites, elles se mangent surtout cuites. Les moules de corde sont originaires de Méditerranée ; elles sont plutôt grosses et se dégustent souvent crues. Très charnues, elles sont faciles à farcir. Quand vous les achetez, tenez-en une un peu ouverte entre vos doigts : si elle est vivante, elle va se refermer toute seule. Pour les moules que vous mangez crues, ne gardez que celles qui s'ouvrent difficilement ; à l'inverse, si vous les mangez cuites, jetez celles qui sont restées fermées.

les huîtres

S'achètent toujours vivantes. Elles sont classées par numéro en fonction de leur taille (les plus petites portent le chiffre le plus élevé) et sont définies par leur origine (Marennes, Sète, Belon…) et par leur mode d'affinage (claires, fines de claire, spéciale…). Conservez-les 2 jours maximun au réfrigérateur dans un grand plat couvert d'un torchon humide. Une fois ouvertes, piquez légèrement le bord de l'huître : si elle se rétracte, c'est qu'elle est bien vivante… On peut donc la déguster sans crainte, crue ou à peine cuite (pochée ou gratinée). On prétend qu'on ne peut manger les huîtres que pendant les mois en « R », ce qui exclut la période de mai à fin août. Cette règle a la vie dure, mais certains amateurs prisent fort la laitance produite par les huîtres durant l'été.

encornets, calamars, seiches et poulpes

Ils appartiennent tous à la famille des céphalopodes. Achetez-les bien frais (une étiquette doit mentionner s'ils ont été congelés). Si vous avez un doute, n'en prenez pas.

La peau ne doit pas être partie par endroits, la chair sera blanche et nacrée, brillante et ferme. Réservez les plus petits pour le barbecue car ils sont meilleurs à peine cuits.

Les calamars ou encornets ont des tentacules plus petits que le corps, couvert d'une peau rougeâtre, tandis que seiches et poulpes ont une peau blanchâtre et des tentacules imposants. La seiche possède aussi un os interne, ce qui n'est pas le cas du calamar.

les coquilles Saint-Jacques

Elles doivent être de la plus grande fraîcheur : une coquille vivante se referme dès que l'on touche la noix, avec un bruit de claquement caractéristique. La pêche en est très réglementée, avec des quotas et des heures de prise. Les coquilles entières ne se conservent que 1 jour au réfrigérateur, enveloppées dans un torchon humide.

quelques astuces pour…
nettoyer les coquillages

Mettez-les à dégorger 1 heure environ dans de l'eau. Ils vont s'entrebâiller, éliminant ainsi le sable qu'ils contiennent. Attention cependant à ne pas les remuer car vous feriez remonter le sable qui s'est déposé au fond. Si vous les faites cuire avec leur coquille, lavez-les à grande eau en les brassant pour qu'ils restent fermés.

les moules

Elles doivent être lavées à grande eau avant d'être grattées. Retirez la barbe en tirant dessus. Attention, cette opération fait mourir les moules : il faut donc la faire juste avant de les mettre à cuire.

les poulpes et les calamars

Ils demandent quelques apprêts avant d'être cuisinés. Commencez par séparer les tentacules et le corps, sortez les entrailles puis coupez les tentacules juste au-dessous des yeux pour retirer le bec. Enlevez la peau sur les seiches et sur les gros calamars, ce n'est pas nécessaire en revanche pour les petits poulpes. En Espagne, on ne consomme généralement que les tentacules des petits poulpes mais c'est un peu dommage ; n'hésitez pas à les cuisiner entiers après les avoir vidés.

les crabes

Se consomment cuits. Si vous répugnez à les plonger vivants dans l'eau bouillante, mettez-les 1 heure au congélateur pour les endormir. Faites de même si vous devez les couper vivants pour les faire saisir dans une sauteuse. S'il manque une patte ou une pince, bouchez l'orifice avec de la mie de pain : cela évitera que le crustacé ne se vide dans le court-bouillon.

les homards et les langoustes

Ils sont plus vifs que les tourteaux et présentent des pinces très coupantes, généralement retenues par des élastiques larges pour éviter que les bestioles ne s'entretuent dans le vivier et pour empêcher aussi qu'elles ne vous blessent ! Avant de les plonger dans l'eau bouillante, vous pouvez les ficeler sur une planchette : cela évitera les projections brûlantes qu'ils ne manqueront pas de provoquer en se débattant. En outre, vous pourrez ensuite les découper plus facilement.

nettoyer les coquilles Saint-Jacques

Nettoyez-les avant de les ouvrir. Brossez les coquilles sous l'eau, puis faites-les ouvrir en les mettant 5 minutes au four. Détachez ensuite les chairs et ôtez les barbes ainsi que le petit boyau noir qui les entoure. Certaines recettes utilisent le corail, mais il doit être cuit plus longuement que la chair. Cette dernière est

délicieuse crue et marinée dans du jus de citron ou bien juste cuite. Évitez de la noyer de sauce pour ne pas cacher sa saveur délicate.

les crevettes

Décortiquez les crevettes avant de les faire cuire (sauf si vous les faites griller). Détachez la tête, enlevez la coque (vous pouvez garder la queue pour certaines recettes) et tirez délicatement sur l'intestin noir. Si vous cuisinez les crevettes entières, retirez l'intestin en pratiquant une fine incision le long du dos.

les écailles des poissons

S'enlèvent avec le dos d'un couteau (et non pas avec la partie tranchante de la lame car cela risque d'entailler la peau). Pour certains poissons (comme la dorade, dont les écailles sont très dures), confiez la tâche à votre poissonnier. Enfin, gardez les écailles pour les poissons que vous faites griller : la chair restera moelleuse. Après cuisson, cette peau forme une coque serrée qui s'enlève très facilement.

vider les poissons

Videz les poissons avant de les faire cuire. Certains poissonniers fendent largement la paroi ventrale pour aller plus vite, mais le poisson traité ainsi est moins présentable ; et si vous voulez le farcir, il vous faudra refermer l'entaille avec de la ficelle de cuisine pour éviter que la farce ne s'échappe. La meilleure technique consiste à saisir les ouïes avec un linge puis à tirer délicatement dessus pour entraîner les entrailles. Rincez ensuite à grande eau l'intérieur du poisson. Si vous devez enlever la tête, sectionnez-la légèrement du côté du dos et tirez dessus : les viscères viendront avec.

lever des filets

Cela demande une certaine dextérité… et un bon couteau. Demandez à votre poissonnier de vous les préparer. Mais si vous tenez à le faire vous-même, voici quelques trucs. Commencez par parer le poisson, en le grattant pour retirer les écailles, ou en levant la peau pour les poissons plats (sole, limande, turbotin). Pour cette opération, il faut inciser la peau juste au-dessus de la queue, la soulever légèrement pour pouvoir la saisir et tirer vivement vers la tête : la peau doit s'en aller en une seule fois. Une fois la peau retirée, incisez la chair en suivant l'arête dorsale de la tête à la queue puis glissez le couteau sous les filets, vers les bords, pour les décoller. Pour les poissons ronds (bar, saumon), incisez d'abord le dos de la tête à la queue, toujours en suivant l'arête centrale, et faites glisser la lame du couteau le long de cette arête pour décoller la chair.

court-bouillon

Pour 4 litres

2 l de **vin blanc sec**
60 ml de **vinaigre
    de vin blanc**
2,5 l d'**eau**
2 **oignons** piqués
    de 5 **clous de girofle**
4 **carottes** en tranches
1 quartier de **citron**
1 blanc de **poireau**
1 branche de **céleri**
2 feuilles de **laurier**
4 tiges de **persil**
1 c. à c. de **poivre noir**

Mettez tous les ingrédients dans une cocotte. Portez à ébullition et laissez frémir 35 minutes.

bouillon de poisson

Pour 2 litres

2 kg de **poissons** vidés
    et écaillés
1 branche de **céleri**
1 **oignon** coupé en quatre
1 **carotte** en tranches
1 blanc de **poireau** émincé
1 **bouquet garni**
12 baies de **poivre noir**
2 l d'**eau**

Mettez tous les ingrédients dans une cocotte. Portez lentement à ébullition puis écumez la surface avant de réduire le feu pour laisser frémir le bouillon pendant 20 minutes. Passez le liquide dans un tamis fin garni d'une mousseline. Vous pouvez garder le bouillon jusqu'à 7 jours au réfrigérateur.

entrées

huîtres au gingembre et au citron vert

Pour **2 personnes**

12 **huîtres**
½ c. à c. de **gingembre** frais
   râpé
2 c. à s. de **sauce**
   de poisson thaïe
   ou de nuoc-mâm
1 c. à s. de **coriandre**
   fraîche ciselée
2 c. à s. de **sucre**
   en poudre
des quartiers de **citron vert**

Ouvrez les huîtres et détachez-les de leur coquille mais laissez-les dedans. Disposez-les sur un lit de glace pilée ou de gros sel.

Mélangez le gingembre, la sauce de poisson, la coriandre et le sucre. Versez un peu de sauce sur chaque huître et présentez le reste au centre du plateau, dans un petit bol. Servez aussitôt avec les quartiers de citron vert.

huîtres aux échalotes

Pour **4 personnes**

24 **huîtres**
1 belle **échalote** émincée
   très finement
2 c. à s. de **vinaigre de vin
   rouge**
sel et poivre
du **beurre** et du **pain
   de seigle**

Ouvrez les huîtres et détachez-les de leur coquille mais laissez-les dedans. Disposez-les sur un lit de glace pilée ou de gros sel.

Mélangez l'échalote, le vinaigre, le sel et le poivre dans un bol. Présentez celui-ci au centre du plateau d'huîtres. Accompagnez de beurre et de tranches de pain de seigle.

crevettes au basilic et au piment

Pour 4 personnes

16 grosses **crevettes**
25 g de **beurre**
100 ml d'**huile d'olive**
2 gousses d'**ail** pilées
1 petit **piment rouge**
   épépiné et émincé
   très finement
3 c. à s. de **persil** frais ciselé
des quartiers de **citron**

Décortiquez les crevettes en gardant les queues. Faites chauffer le beurre et l'huile dans une grande poêle puis faites-y revenir l'ail et le piment. Quand le mélange embaume, ajoutez les crevettes. Laissez cuire 3 à 4 minutes en les retournant plusieurs fois pour qu'elles se colorent de toutes parts.

Saupoudrez les crevettes de persil ciselé et servez-les sans attendre. Accompagnez de quartiers de citron.

Vous pouvez préparer cette recette en remplaçant les crevettes par des bouquets ou des gambas.

noix de Saint-Jacques marinées

Pour **4 personnes**

16 coquilles **Saint-Jacques**
1 c. à c. de **zeste de citron
vert** râpé
60 ml de **jus de citron vert**
2 gousses d'**ail** émincées
très finement
2 petits **piments rouges**
émincés très finement
1 c. à s. de **coriandre**
ciselée
1 c. à s. d'**huile d'olive**

Demandez à votre poissonnier de vous ouvrir
les Saint-Jacques sans garder le corail. Gardez
la base des coquilles et nettoyez-les bien.

Mélangez dans un saladier les noix de Saint-Jacques,
le zeste et le jus de citron, l'ail, les piments, la coriandre
et l'huile d'olive. Mélangez bien puis laissez mariner
2 heures au réfrigérateur.

Au moment de servir, présentez les noix de
Saint-Jacques dans leurs coquilles et nappez-les
de marinade. Servez bien froid.

crevettes à la cubaine

Pour **4 personnes**

24 **crevettes** moyennes
crues
100 ml de **rhum blanc**
1 pointe de **Tabasco**
2 c. à s. de **sauce
Worcestershire**
le zeste et le jus de 1 **citron**
2 c. à s. de **farine**
1 pincée de **cumin**
en poudre
1 pincée de **noix
de muscade** moulue
25 g de **beurre**
80 ml d'**huile d'olive**
4 gousses d'**ail** pilées
1 c. à s. de **persil** ciselé
1 c. à s. de **coriandre**
ciselée

Décortiquez les crevettes en gardant la queue.
Mélangez le rhum, le Tabasco, la sauce Worcestershire,
le zeste et le jus de citron.

Mettez la farine et les épices dans une assiette
creuse. Salez et poivrez à votre convenance. Passez
les crevettes dans ce mélange juste avant de les faire
cuire.

Mettez le beurre et l'huile dans une grande poêle,
laissez fondre puis faites revenir l'ail dedans. Dès
qu'il embaume, faites-y cuire les crevettes pendant
4 à 5 minutes, en agitant vivement la poêle sur le feu ;
elles doivent changer de couleur et devenir opaques.

Présentez les crevettes cuites sur un plat de service.
Déglacez la poêle avec le mélange au rhum et laisser
bouillonner 30 secondes environ, en remuant sans
cesse. Hors du feu, ajoutez le persil et la coriandre
puis nappez les crevettes de cette sauce. Servez
aussitôt.

Préparez la même recette en remplaçant
les crevettes par des écrevisses.

gravlax de saumon

Pour **12 personnes**

1 **saumon** frais de 2,5 kg
55 g de **sucre en poudre**
2 c. à s. de **sel fin**
1 c. à s. de **poivre noir**
concassé
2 c. à s. de **vodka**
4 c. à s. d'**aneth** ciselé
très finement

Sauce moutarde
125 ml d'**huile d'olive**
2 c. à s. de **moutarde** forte
2 c. à s. de **vinaigre de**
cidre ou de jus de citron
2 c. à c. d'**aneth** frais ciselé
1 c. à s. de **sucre**
en poudre

Demandez à votre poissonnier de préparer le saumon en deux filets (avec la peau). Retirez toutes les arêtes (c'est plus facile avec une pince à épiler). Essuyez les filets avec du papier absorbant pour enlever toute trace d'humidité puis mettez-les sur une grille, au-dessus d'un grand plat.

Mélangez le sucre, le sel et le poivre concassé. Badigeonnez les deux filets de vodka puis étalez dessus le mélange sucre-sel-poivre. Saupoudrez avec la moitié de l'aneth. Superposez les deux filets chair contre chair puis enveloppez-les de film alimentaire. Mettez-les dans un grand plat, couvrez avec un autre plat et entassez dessus des poids très lourds. Laissez 24 heures au réfrigérateur (retournez-les au bout de 12 heures).

Préparez la sauce moutarde en mélangeant tous les ingrédients au fouet électrique.

Découvrez les filets de saumon et posez-les bien à plat sur une planche. Coupez-les en tranches très fines, en biais, puis disposez ces dernières dans un grand plat. Garnissez-les avec le reste de l'aneth. Servez très frais avec la sauce moutarde.

salade au saumon fumé

Pour 4 personnes

150 g de pousses
  de **roquette**
1 **avocat**
250 g de **saumon fumé**
300 g de **feta** marinée
2 c. à s. de **noisettes**
  grillées grossièrement
  concassées

Assaisonnement
2 c. à s. d'**huile d'olive**
1 c. à s. de **vinaigre**
  balsamique
sel et **poivre**

Commencez par préparer l'assaisonnement en mélangeant tous les ingrédients dans un petit bol.

Triez la roquette en retirant les tiges trop dures, lavez-la puis essorez-la rapidement. Mettez-la dans un saladier avec l'assaisonnement. Remuez.

Coupez l'avocat en deux et retirez le noyau. Recoupez chaque moitié en six tranches fines dans la longueur et enlevez la peau. Disposez trois tranches dans chaque assiette, ajoutez le saumon fumé, quelques feuilles de roquette puis la feta égouttée et grossièrement émiettée. Saupoudrez de noisettes concassées.

Cette salade est aussi excellente avec de la truite fumée à la place du saumon fumé.

carpaccio de saumon

Pour **4 personnes**

500 g de **saumon** très frais
3 **tomates** bien mûres
1 c. à s. de petites **câpres**
rincées et égouttées
1 c. à s. d'**aneth** ciselé
1 c. à s. d'**huile d'olive**
1 c. à s. de **jus de citron**

Mettez le filet de saumon 30 minutes au congélateur : plus ferme, il sera plus facile à découper.

Entaillez la base des tomates en croix et plongez-les 1 minute dans l'eau bouillante puis dans l'eau froide. Pelez-les en partant de l'entaille, coupez-les en deux, retirez les pépins et découpez la chair en petits cubes. Mélangez-la avec les câpres dans un petit bol.

Coupez le saumon en tranches très fines et garnissez-en quatre assiettes. Fouettez ensemble l'huile et le jus de citron puis nappez-en le carpaccio. Saupoudrez d'aneth et servez sans attendre.

Achetez du saumon très frais. Gardez-le au réfrigérateur jusqu'au moment de le préparer. Versez la sauce au dernier moment pour éviter de trop « cuire » le saumon. Vous pouvez aussi remplacer le saumon cru par du saumon fumé ou réaliser ce carpaccio avec du thon cru très frais.

sardines grillées basilic citron

Pour **4 personnes**

8 **sardines** grattées
  et vidées
1 **citron** coupé
  en tranches fines
80 ml d'**huile d'olive**
3 c. à s. de **basilic** frais
  ciselé

Préchauffez un gril en fonte (ou un barbecue). Garnissez les sardines de demi-tranches de citron. Badigeonnez-les d'huile d'olive.

Faites griller les sardines (comptez environ 3 minutes de chaque côté). Pour vérifier leur cuisson, piquez-les dans la partie la plus charnue avec la pointe d'un couteau et dégagez délicatement la chair : l'intérieur doit être opaque.

Présentez les sardines sur un plat de service et saupoudrez-les de basilic. Servez aussitôt.

Préparez cette grillade avec des petits harengs, des anchois ou des maquereaux. C'est aussi délicieux.

calamars frits sel poivre

Pour **6 personnes**

1 kg de **calamars**
  sans les tentacules
250 ml de **jus de citron**
250 g de **Maïzena**
1 c. à s. de **sel**
1 c. à s. de **poivre moulu**
2 c. à c. de **sucre**
  en poudre
4 **blancs** d'**œufs** battus
  de l'**huile végétale**
  pour la friture
des quartiers de **citron**

Videz les calamars, ouvrez-les et entaillez-les légèrement en losanges avant de les couper bandes de 5 x 3 cm. Mettez-les dans un saladier avec le jus de citron et laissez-les mariner 15 minutes au réfrigérateur. Égouttez-les sur du papier absorbant.

Mélangez la Maïzena, le sel, le poivre et le sucre dans un récipient. Plongez les calamars dans le blanc d'œuf avant de les passer dans la farine.

Faites chauffer à 180 °C une grande quantité d'huile dans une sauteuse (un cube de pain plongé dans l'huile chaude doit dorer en 15 secondes). Faites frire les calamars 1 à 2 minutes, en procédant en plusieurs fois. Égouttez-les puis servez-les chauds avec des quartiers de citron.

tempura de fruits de mer

Pour **4 personnes**

200 g de **crevettes** crues
  décortiquées
300 g de **haddock** coupé
  en morceaux
2 c. à s. de **gingembre** frais
  râpé
1 c. à s. de **mirin**
  (vin de riz doux)
100 ml de **sauce de soja
  claire**
de l'**huile végétale**
  pour la friture
185 g de **farine** mélangée
  à 90 g de farine de riz
1 **œuf** légèrement battu
270 ml d'**eau** froide

Entaillez légèrement les crevettes et les morceaux de poisson. Mélangez le gingembre, le mirin et la sauce de soja puis ajoutez 2 cuillerées à soupe d'eau pour adoucir le goût. Répartissez la sauce dans des coupelles.

Faites chauffer à 180 °C une grande quantité d'huile dans une sauteuse (un cube de pain plongé dans l'huile chaude doit dorer en 15 secondes). Mettez le mélange de farines dans un grand bol. Mélangez l'œuf battu avec l'eau puis versez délicatement le tout sur la farine en travaillant la pâte à la fourchette (et non pas au fouet électrique). Plongez les crevettes une à une dans la pâte avant de les faire frire. Faites de même avec les morceaux de poisson.

Égouttez la tempura sur du papier absorbant. Servez-la très chaude avec la sauce de soja au gingembre.

Vous pouvez vous procurer dans les épiceries asiatiques un mélange tout prêt de farine à tempura. Vous pouvez aussi utiliser d'autres poissons comme dorade, morue ou cabillaud, ou encore des petits calamars, des queues de homards ou de langoustines.

petite friture

Pour **4 personnes**

500 g de **petite friture**
2 c. à s. de **sel fin**
2 c. à s. de **farine**
1 c. à s. de **Maïzena**
2 c. à c. de **persil** ciselé
de l'**huile végétale**
   pour la friture
des quartiers de **citron**

Saupoudrez de sel la petite friture. Couvrez et mettez au réfrigérateur.

Mélangez la farine, la Maïzena et le persil dans une assiette creuse. Faites chauffer à 180 °C une grande quantité d'huile dans une sauteuse (un cube de pain plongé dans l'huile chaude doit dorer en 15 secondes). Passez la moitié des poissons dans la farine avant de les faire frire (comptez 1 à 2 minutes). Égouttez-les sur du papier absorbant ; répétez l'opération avec les poissons restants.

Au moment de servir, réchauffez l'huile et plongez rapidement la friture dedans pour la réchauffer. Accompagnez de quartiers de citron.

beignets de crevettes cajun

Pour **6 personnes**

1 kg de **crevettes**
  moyennes
1 **œuf**
250 ml de **lait**
90 g de **farine**
35 g de **Maïzena**
½ c. à c. de **levure**
2 c. à c. de mélange **cajun**
  (épiceries fines)
½ c. à c. de **basilic**
  déshydraté
½ c. à c. de **sel au céleri**
de l'**huile végétale**
  pour la friture
de la **mayonnaise**

Décortiquez les crevettes en gardant les queues. Battez ensemble l'œuf et le lait. Mettez la farine dans un récipient, ajoutez la Maïzena, la levure, le mélange cajun, le basilic et le sel au céleri. Formez un puits au centre puis versez progressivement le mélange œuf-lait en lissant la pâte à la cuillère. Laissez reposer 30 minutes.

Faites chauffer à 180 °C une grande quantité d'huile dans une sauteuse (un cube de pain plongé dans l'huile chaude doit dorer en 15 secondes).

Essuyez bien les crevettes avec du papier absorbant pour éliminer toute trace d'humidité puis plongez-les une à une dans la pâte avant de les faire frire dans l'huile chaude. Quand elles sont bien dorées, égouttez-les sur du papier absorbant ; servez sans attendre avec de la mayonnaise.

Originaire de Louisiane, le mélange cajun associe diverses épices et aromates séchés et broyés finement : céleri, paprika, piment de Cayenne, origan, thym, ail, oignon… On l'utilise pour parfumer volailles, fruits de mer et légumes. Ayez la main légère au début car certaines préparations peuvent être très relevées.

tarama

Pour **300 g**

100 g d'**œufs de cabillaud**
  fumés
5 tranches de **pain de mie**
80 ml de **lait**
1 **jaune d'œuf**
½ **oignon** émincé
1 gousse d'**ail** pilée
2 c. à s. de **jus de citron**
80 ml d'**huile d'olive**

Faites tremper le pain dans le lait pendant 10 minutes puis pressez-le pour en éliminer le plus de liquide possible. Mettez-le dans un récipient avec les œufs de cabillaud, le jaune d'œuf, l'oignon, l'ail et la moitié du jus de citron. Mixez le tout.

Sans cesser de mixer, ajoutez l'huile d'olive puis le reste du jus de citron. Si le tarama est trop salé, ajoutez une autre tranche de pain de mie trempée dans du lait. Servez avec des tranches de pain grillé ou des blinis (voir p. 44).

blinis aux œufs de saumon

Pour **8 personnes**

275 g de **crème fraîche**
200 g d'œufs de saumon

Pâte à blinis
400 ml de **lait** tiède
3 c. à c. de **levure**
175 g de **farine de blé**
50 g de **farine de sarrasin**
2 **œufs**, jaunes et blancs
   séparés
70 g de **beurre**
150 ml d'**huile végétale**

Délayez la levure et 1 cuillerée de farine de blé dans la moitié du lait. Laissez reposer 15 minutes à température ambiante.

Mettez le reste de la farine de blé et la farine de sarrasin dans un grand saladier puis incorporez le mélange lait-levure et le reste du lait. Fouettez vigoureusement pour obtenir une pâte homogène. Couvrez et laissez reposer 1 h 30 dans un endroit chaud : la pâte doit doubler de volume.

Battez les blancs d'œufs en neige ferme. Fouettez les jaunes d'œufs avant de les incorporer délicatement aux blancs. Laissez reposer 10 minutes puis ajoutez ce mélange à la pâte.

Faites chauffer une partie du beurre et de l'huile dans une grande poêle puis ajoutez plusieurs cuillerées de pâte en les espaçant. Laissez cuire jusqu'à ce que la base dore et que de petites bulles se forment à la surface. Retournez alors les blinis pour les faire cuire de l'autre côté. Répétez l'opération avec le reste de beurre, d'huile et de pâte.

Garnissez les blinis tièdes de crème fraîche et d'œufs de saumon.

Vous pouvez aussi garnir vos blinis de caviar, d'œufs de lump ou de saumon fumé.

rillettes de truite

Pour **6 personnes**

2 **truites** fumées entières
   (ou 4 filets)
200 g de **fromage frais**
2 c. à s. d'**aneth** ciselé
le jus de ½ **citron**
1 pincée de **piment**
   de Cayenne
des tranches de **pain** grillées
des quartiers de **citron**

Enlevez la peau et les arêtes des truites (ou des filets) puis émiettez grossièrement la chair avant de la mixer.

Ajoutez le fromage frais dans le bol du robot et mixez à nouveau (donnez quelques brèves impulsions car le mélange ne doit pas être haché trop finement). Incorporez enfin l'aneth, le jus de citron et le piment de Cayenne.

Réservez les rillettes au réfrigérateur. Sortez-les au moins 15 minutes avant de servir et accompagnez-les de pain grillé et de quartiers de citron.

boulettes de poisson thaïes

Pour 4 à 6 personnes

450 g de **filet de cabillaud**
45 g de **farine de riz**
1 c. à s. de **nuoc-mâm**
1 **œuf** légèrement battu
3 c. à s. de **coriandre** ciselée
3 c. à c. de **pâte de curry rouge**
1 à 2 c. à c. de petits **piments rouges** émincés
100 g de **haricots verts** émincés très finement
2 **oignons de printemps** émincés très finement
de l'**huile végétale** pour la cuisson
de la **sauce au piment douce**
quelques **cacahuètes** concassées
quelques tranches de **concombre** coupées en petits dés

Coupez les filets de poisson en gros morceaux puis mixez-les grossièrement.

Ajoutez dans le bol du mixeur la farine, le nuoc-mâm, l'œuf, la coriandre, la pâte de curry et les piments. Mixez puis transférez la préparation dans un saladier. Malaxez-la rapidement à la main avant d'y ajouter les haricots verts et les oignons. Façonnez à la main 24 boulettes puis aplatissez-les légèrement.

Faites chauffer de l'huile dans une grande poêle et faites-y revenir les boulettes : elles doivent être dorées en surface et cuites à cœur. Égouttez-les sur du papier absorbant. Servez-les chaudes avec la sauce au piment agrémentée de cacahuètes et de dés de concombre.

Essayez cette recette avec d'autres poissons blancs tels que colin, merlu, lingue ou julienne.

galettes au crabe et salsa d'avocat

Pour **4 personnes**

1 **tourteau** cuit
2 **œufs** légèrement battus
1 **oignon de printemps**
   émincé très finement
1 c. à s. de **mayonnaise**
2 c. à c. de **sauce**
   au piment doux
100 g de **chapelure**
sel et **poivre**
de l'**huile végétale**
   pour la cuisson
des quartiers de **citron**

Salsa d'avocat

2 **tomates** olivettes
   coupées en dés
1 petit **oignon rouge**
   en fines lamelles
1 **avocat** coupé en dés
60 ml de **jus de citron vert**
½ c. à s. de **sucre**
   en poudre
2 c. à s. de **cerfeuil** ciselé

Prélevez toute la chair du crabe en veillant
à ne laisser aucun morceau de carapace ou de cortex.
Mélangez-la avec les œufs, l'oignon, la mayonnaise,
la sauce au piment et la chapelure. Salez et poivrez
à votre convenance. Mixez le tout puis façonnez huit
boulettes ; aplatissez-les légèrement avant de les mettre
30 minutes au réfrigérateur.

Préparez la salsa d'avocat : mettez les tomates,
l'avocat et l'oignon dans un saladier. Fouettez ensemble
le sucre et le jus de citron puis versez cette sauce
sur la salade. Ajoutez le cerfeuil et remuez délicatement.
Réservez au réfrigérateur.

Faites chauffer de l'huile dans une grande sauteuse
et faites-y dorer les galettes de crabe 3 minutes de
chaque côté. Égouttez-les sur du papier absorbant
puis servez-les avec la salsa d'avocat et des quartiers
de citron.

Pour une recette plus économique, utilisez du surimi
au crabe ou de la chair de crabe en conserve.

brochettes de crevettes tandoori

Pour 6 personnes

30 **crevettes** moyennes
1 bonne pincée de filaments
  de **safran**
1 petit **oignon** coupé
  en quatre
3 gousses d'**ail**
2 c. à s. de **gingembre** frais
  râpé
2 c. à s. de **jus de citron**
½ c. à c. de **piment**
  en poudre
1 c. à c. de **paprika**
1 pincée de **coriandre**
  en poudre
1 pincée de **cumin**
  en poudre
2 c. à s. de **garam masala**
  (mélange d'épices indien)
1 c. à s. d'**huile végétale**
200 g de **yaourt**
  à la grecque
des quartiers de **citron**

Décortiquez les crevettes en gardant les queues. Faites infuser le safran 5 minutes dans 1 cuillerée à soupe d'eau chaude.

Mettez le safran et son eau de trempage dans le bol du mixeur avec l'oignon, l'ail, le gingembre, le jus de citron, les épices, l'huile et un peu de sel. Mixez jusqu'à obtention d'une pâte homogène. Mélangez cette dernière avec le yaourt.

Enfilez les crevettes sur des brochettes puis mettez-les dans un grand plat. Versez la sauce au yaourt, remuez et laissez mariner 2 à 3 heures au réfrigérateur.

Préchauffez le four à 230 °C. Sortez les crevettes pour qu'elles soient à température ambiante puis faites-les cuire 5 minutes au four. Sortez-les ensuite du plat et mettez-les sur une plaque de cuisson garnie de papier sulfurisé. Terminez la cuisson sous le gril du four : les crevettes doivent être dorées et la marinade va cuire en formant une enveloppe légèrement croquante. Servez avec des quartiers de citron.

Le garam masala est un mélange d'épices du Nord de l'Inde comportant traditionnellement du cumin, de la coriandre, de la cardamome, du poivre noir, des clous de girofle, du laurier et de la cannelle. Ces épices sont généralement grillées.

Vous pouvez aussi préparer des brochettes de poisson avec de la dorade ou des rougets, ou encore des encornets, en suivant la même recette.

crevettes à l'ail

Pour **4 personnes**

1,25 kg de **crevettes**
moyennes
85 g de **beurre** fondu
185 ml d'**huile d'olive**
8 gousses d'**ail** pilées
2 **oignons de printemps**
émincés très finement
sel et **poivre**
du **pain de campagne**

Préchauffez le four à 250 °C. Décortiquez les crevettes en gardant les queues puis incisez légèrement les dos avec un couteau pointu.

Répartissez le beurre fondu et l'huile dans quatre ramequins avant d'ajouter la moitié de l'ail.

Faites cuire l'ail au four 4 minutes (le beurre doit bouillonner) puis ajoutez les crevettes et le reste de l'ail. Remettez les ramequins au four 5 minutes, jusqu'à ce que les crevettes soient cuites. Garnissez d'oignon de printemps, salez et poivrez. Servez avec du pain de campagne pour « saucer ».

moules marinière

Pour **6 personnes**

2 kg de **moules**
50 g de **beurre**
1 **oignon** émincé
1 branche de **céleri** émincée
2 gousses d'**ail** pilées
400 ml de **vin blanc sec**
1 feuille de **laurier**
2 branches de **thym** frais
220 ml de **crème fraîche**
2 c. à s. de **persil** frais ciselé

Grattez les moules et ôtez les barbes. Faites fondre le beurre dans une cocotte puis faites-y revenir l'oignon, le céleri et l'ail pendant 5 minutes environ.

Mouillez avec le vin blanc puis ajoutez le laurier et le thym. Portez le tout à ébullition avant d'ajouter les moules. Couvrez et laissez chauffer 3 minutes en agitant vivement la cocotte à deux ou trois reprises. Récupérez le liquide de cuisson ; laissez les moules dans la cocotte, à couvert mais hors du feu pour les garder chaudes (jetez celles qui sont restées fermées).

Passez le liquide de cuisson dans un tamis fin puis faites-le bouillir 2 minutes. Ajoutez la crème et laissez sur le feu sans ébullition pour que la sauce soit bien chaude. Répartissez les moules dans de grandes assiettes creuses, versez la sauce dessus, garnissez-les de persil et servez sans attendre.

plats d'hiver

soupe de poisson à la tunisienne

Pour **6 personnes**

500 g de filets de **cabillaud**
   et de vivaneau
60 ml d'**huile d'olive**
1 **oignon brun** émincé
1 branche de **céleri** émincée
4 gousses d'**ail** pilées
2 c. à s. **de concentré
   de tomates**
2 c. à c. de **curcuma** moulu
2 c. à c. de **cumin**
   en poudre
2 c. à c. de **harissa**
1 litre de **bouillon**
   de poisson
2 feuilles de **laurier**
200 g d'**orzo** ou
   de petites pâtes rondes
2 c. à s. de **menthe** fraîche
   ciselée
2 c. à s. de **jus de citron**

Coupez les filets de poisson en morceaux. Faites chauffer l'huile dans une casserole pour y faire revenir l'oignon et le céleri. Laissez cuire 5 minutes puis ajoutez l'ail. Laissez cuire encore 1 minute avant d'incorporer le concentré de tomate, les épices et la harissa. Mélangez 30 secondes sur le feu.

Versez le bouillon et ajoutez les feuilles de laurier. Portez à ébullition puis baissez le feu et laissez frémir 15 minutes sans couvrir. Ajoutez l'orzo et faites-le cuire 3 minutes puis faites pocher les morceaux de poisson 3 à 4 minutes dans le bouillon. Quand ils sont à point, retirez la casserole du feu. Ajoutez la menthe fraîche et le jus de citron.

Pour un goût différent, préparez cette soupe avec du haddock, du saumon ou du colin.

soupe de poisson à la créole

Pour 6 personnes

500 g de **dorade** en filets
2 **tomates** bien mûres
2 c. à s. d'**huile végétale**
4 **échalotes** émincées
2 branches de **céleri**
  émincées
1 **poivron rouge** émincé
1 beau **piment rouge** fort
  épépiné et émincé
½ c. à c. de **poivre
  de la Jamaïque**
½ c. à c. de **noix
  de muscade**
850 ml de **bouillon**
  de poisson
275 g de **patate douce**
  à chair orangée (kumara)
  épluchée et coupée
  en cubes
sel et **poivre**
60 ml de **jus de citron vert**

Détaillez les filets de poisson en cubes après avoir retiré les arêtes. Entaillez en croix la base des tomates puis plongez-les 30 secondes dans l'eau bouillante. Faites-les refroidir 1 minute sous l'eau froide puis pelez-les et coupez-les en dés.

Faites chauffer l'huile dans une casserole et faites-y revenir les échalotes, le céleri, le poivron, le piment et les épices. Laissez cuire 5 minutes avant d'ajouter les tomates et le bouillon. Portez à ébullition. Ajoutez les cubes de kumara, salez et poivrez. Laissez frémir 15 minutes.

Quand le kumara est tendre, ajoutez le jus de citron puis faites pocher les morceaux de poisson 5 minutes environ dans ce bouillon. Servez avec du pain de campagne.

Pour varier, réalisez cette soupe avec du cabillaud ou du colin à la place de la dorade.

soupe rustique au poisson et au lard

Pour **6 personnes**

450 g de **brochet**
2 c. à s. d'**huile d'olive**
1 **oignon brun** émincé
1 **poivron rouge** émincé
1 petite **courgette**
 coupée en dés
150 g de **lard fumé**
 coupé en dés
1 gousse d'**ail** pilée
2 c. à s. de **paprika**
400 g de **tomates** pelées
 en boîte
400 g de **pois chiches**
 en boîte
2 c. à s. de **persil** frais ciselé

Boulettes de pâte
75 g de **farine à levure**
 incorporée
1 **œuf** légèrement battu
2 c. à s. de **lait**
2 c. à s. de **marjolaine**
 ciselée

Retirez les arêtes des filets de poisson et coupez-les en morceaux. Faites chauffer l'huile dans une cocotte, faites-y revenir l'oignon 10 minutes environ puis ajoutez le poivron, la courgette, le lard fumé et l'ail. Laissez cuire 5 minutes en remuant de temps en temps.

Préparez la pâte en mélangeant la farine, l'œuf, le lait et la marjolaine. Laissez reposer.

Ajoutez dans la cocotte le paprika, les tomates avec leur jus, les pois chiches et 800 ml d'eau. Portez à ébullition puis laissez frémir 10 minutes. Prélevez alors 6 cuillerées de pâte et faites-les pocher dans la soupe en veillant à ce qu'elles ne se touchent pas. Deux minutes plus tard, ajoutez les morceaux de poisson : ils doivent cuire en 3 minutes. Saupoudrez de persil et servez sans attendre.

Cette soupe est également délicieuse
avec de la truite de rivière à la place du brochet.

soupe laksa

Pour **4 personnes**

1 **vivaneau** de 800 g
  environ
du **gros sel**
3 c. à s. de **pâte de tamarin**
  1 c. à s. de **sucre brun**
125 g de **nouilles de riz**
  fraîches
1 c. à s. d'**huile végétale**
1 petit **concombre** pelé,
  épépiné et coupé
  en bâtonnets
2 **échalotes** émincées
1 petit **piment rouge**
  émincé
200 g d'**ananas** frais
  coupé en dés
quelques feuilles de **menthe**
  (vietnamienne
  de préférence)

Pâte de curry
1 petit **oignon brun**
1 c. à c. de **curcuma**
  en poudre
2 c. à s. de **gingembre** frais
  râpé
2 **piments rouges**
1 c. à c. de **pâte**
  de crevettes

Videz le poisson et grattez-le pour retirer les écailles. Mettez-le dans une grande casserole ou dans une poissonnière, couvrez-le d'eau froide, salez et portez à ébullition. Laissez frémir 10 minutes puis retirez le poisson de l'eau. Prélevez 750 ml du liquide de cuisson et passez-le dans un tamis fin ; ajoutez la pâte de tamarin et le sucre. Levez les filets du poisson en éliminant la peau et les arêtes.

Pour la pâte de curry, mixez tous les ingrédients en y ajoutant 2 cuillerées à soupe d'eau froide. Mettez les nouilles dans un récipient et couvrez-les d'eau bouillante (ne les laissez pas plus de 10 minutes dedans).

Faites chauffer l'huile dans une sauteuse et faites-y revenir la pâte de curry. Quand elle embaume, mouillez progressivement avec l'eau de tamarin puis portez à ébullition. Laissez frémir 5 minutes avant de faire pocher les filets de poisson dedans (3 minutes environ).

Séparez les nouilles à la fourchette et répartissez-les dans 4 bols chinois. Répartissez dessus les filets de poisson puis le bouillon. Décorez de bâtonnets de concombre, de fines tranches d'échalote et de piment, de dés d'ananas et de feuilles de menthe.

Le tamarin est le fruit du tamarinier, dont la gousse renferme une pulpe acide. Cette dernière est pressée et vendue en blocs (dans les épiceries asiatiques). Il faut la diluer dans de l'eau bouillante pour en faire une pâte épaisse.

soupe de poisson à la russe

Pour **4 personnes**

600 g de **poissons**
   d'eau douce mélangés
   (carpe, brème, perche)
50 g de **beurre**
1 **oignon brun** émincé
1 branche de **céleri** émincée
5 c. à s. de **farine**
1 litre de **bouillon**
   de poisson
2 c. à s. de **concentré**
   de tomates
2 gros **cornichons**
   égouttés et émincés
1 c. à s. de **câpres** rincées
   et égouttées
1 feuille de **laurier**
1 pincée de **noix**
   de muscade râpée
sel et **poivre**
2 c. à s. de **persil** frais ciselé
2 c. à s. d'**aneth** frais ciselé
de la **crème aigre**
   (ou de la crème fraîche
   additionnée de jus
   de citron)

Préparez le poisson en retirant bien toutes les arêtes et en détaillant les filets en morceaux pas trop gros.

Faites fondre le beurre dans une casserole et faites-y revenir l'oignon jusqu'à ce qu'il soit doré. Saupoudrez la farine et laissez sur le feu en remuant sans cesse puis mouillez le roux avec le bouillon, en le versant par petites quantités pour éviter les grumeaux. Quand tout le bouillon est versé, portez à ébullition.

Baissez le feu puis ajoutez le concentré de tomate, les cornichons, les câpres, le laurier, la muscade et les morceaux de poisson. Salez et poivrez. Faites pocher le poisson 3 minutes puis retirez la casserole du feu pour ajouter le persil et l'aneth. Servez avec la crème aigre.

Pour apporter une touche différente à cette soupe, utilisez des poissons de mer mélangés : du haddock, de la dorade ou du cabillaud.

soupe de palourdes

Pour **4 personnes**

1 kg de **palourdes**
375 g de filets de **flétan**
12 **crevettes roses**
60 g de **beurre**
3 fines tranches de **bacon**
   coupées en lanières
2 **oignons bruns** émincés
2 **gousses d'ail** émincées
2 branches de **céleri**
   émincées
3 **pommes de terre**
   coupées en cubes
3 c. à c. de **thym** frais ciselé
1,25 litre de **bouillon**
   de poisson
1 c. à c. de **concentré**
   de tomates
400 g de **tomates**
   concassées en boîte
2 c. à s. de **persil** frais ciselé

Faites tremper les palourdes 1 heure dans de l'eau salée pour que le sable se dépose au fond. Décortiquez les crevettes en gardant les queues. Coupez les filets de flétan en petits morceaux.

Faites fondre le beurre dans une casserole et faites-y dorer le bacon, l'oignon, l'ail et le céleri. Après 5 minutes de cuisson, ajoutez les pommes de terre, le thym, 1 litre de bouillon, le concentré de tomate et les tomates concassées. Portez à ébullition puis laissez frémir 15 minutes.

Versez le reste de bouillon dans une autre casserole. Quand le mélange bout, faites ouvrir les palourdes dedans en agitant vigoureusement la casserole plusieurs fois au-dessus du feu (comptez entre 3 et 5 minutes pour que les palourdes s'ouvrent). Récupérez le bouillon et filtrez-le. Triez les palourdes pour éliminer celles qui sont restées fermées ; sortez-les de leur coquille (gardez-en quelques-unes pour décorer).

Versez dans l'autre casserole le jus de cuisson des palourdes puis ajoutez les morceaux de poisson et les crevettes. Laissez frémir 3 minutes avant d'ajouter les palourdes. Saupoudrez de persil frais et servez sans attendre.

Pour varier, vous pouvez remplacer le flétan par du cabillaud, du colin ou de la dorade, et utilisez des coques à la place des palourdes.

soupe aigre-douce

Pour **4 personnes**

500 g de filets de **sole**
60 ml d'**huile végétale**
½ **poivron rouge** émincé
3 c. à s. de **jus de citron
vert**
1 c. à s. de **nuoc-mâm**
2 c. à s. de **sucre de palme**
râpé ou de sucre roux
225 g de pousses
de **bambou** égouttées
2 c. à s. de **coriandre**
fraîche ciselée
1 c. à s. de **menthe** fraîche
ciselée

Sauce épicée
2 blancs de **citronnelle**
coupés en trois
1 c. à c. de **curcuma**
en poudre
1 petit morceau
de **gingembre** pelé
3 petits **piments rouges**
1 gousse d'**ail**
4 **échalotes**
coupées en deux
1 c. à c. de **pâte
de crevettes**

Commencez par préparer la sauce en mixant tous les ingrédients pour obtenir une pâte homogène.

Coupez les filets de sole en petits morceaux ; retirez si nécessaire les arêtes.

Faites chauffer l'huile dans une casserole pour y faire revenir la sauce pendant 10 minutes. Ajoutez le poivron et laissez-le cuire 1 minute avant de mouiller avec 750 ml d'eau. Ajoutez le jus de citron, le nuoc-mâm et le sucre. Portez à ébullition.

Quand le mélange a bouilli, baissez le feu et laissez frémir 5 minutes puis ajoutez les pousses de bambou et les morceaux de sole. Laissez cuire ces derniers 3 à 4 minutes dans le liquide frémissant (il ne doit surtout pas bouillir) puis retirez la casserole du feu. Incorporez la coriandre et la menthe au moment de servir.

soupe de poisson aux épices

Pour **4 personnes**

500 g de filets de **limande**
1 c. à s. d'**huile végétale**
1 **oignon brun** émincé
3 gousses d'**ail** pilées
2 petits **piments verts**
   émincés
2 c. à c. de **curcuma**
   en poudre
1 c. à c. de **coriandre**
   en poudre
1 c. à c. de **cumin**
   en poudre
4 **clous de girofle**
6 feuilles de **kaffir**
   (citronnier thaï) + 6 feuilles
   ciselées pour décorer
800 ml de **lait de coco**
quelques feuilles
   de **coriandre**

Détaillez les filets de limande en deux ou trois morceaux. Faites chauffer l'huile dans une casserole et faites-y revenir l'oignon, l'ail et les piments 5 minutes. Ajoutez les épices et laissez cuire encore 2 minutes. Incorporez enfin les feuilles de kaffir entières et le lait de coco. Faites chauffer à feu vif jusqu'au point d'ébullition puis réduisez le feu et laissez frémir 20 minutes.

Quand le liquide a légèrement réduit, faites pocher les filets de limande pendant 5 minutes puis incorporez les feuilles de kaffir ciselées et la coriandre. Mélangez et servez sans attendre.

Cette soupe se sert traditionnellement avec du riz blanc pour « éponger » la sauce. Remplacez la limande par d'autres poissons comme le carrelet, la sole ou le turbot.

soupe de la mer à la créole

Pour **6 personnes**

4 petits **crabes**
500 g de **crevettes**
24 **huîtres**
450 g de **chorizo**
   coupé en tranches
6 **oignons de printemps**
   émincés
1 **poivron vert** émincé
3 c. à s. de **persil** frais ciselé
1 pincée de **piment**
   en poudre
2 c. à s. de **riz blanc long**

Roux
80 ml d'**huile végétale**
75 g de **farine**
1 **oignon brun** émincé
1,5 l d'**eau** bouillante

Ébouillantez les crabes 2 minutes puis coupez-les en quatre. Décortiquez les crevettes. Ouvrez les huîtres et retirez-les de leur coquille.

Préparez le roux. Faites revenir l'oignon dans l'huile très chaude puis saupoudrez-le de farine. Remuez. Quand le mélange commence à brunir, retirez la casserole du feu et mouillez avec un peu d'eau bouillante, sans cesser de remuer pour éviter les grumeaux. Laissez colorer sur le feu pendant 35 minutes en versant progressivement le reste d'eau. Quand il ne reste plus d'eau, portez à ébullition.

Ajoutez les crabes, le chorizo, les oignons de printemps, le poivron, le persil et le piment dans la soupe. Faites cuire 30 minutes puis ajoutez es crevettes et les huîtres. Prolongez la cuisson pendant 5 minutes.

Faites cuire le riz 10 minutes dans de l'eau bouillante salée. Répartissez-le dans des assiettes creuses puis versez la soupe dessus. Servez sans attendre.

soupe de la Nouvelle-Angleterre

Pour **4 personnes**

1,5 kg de **palourdes**
2 c. à s. d'**huile végétale**
3 tranches de **bacon**
    émincées
1 **oignon brun** émincé
1 gousse d'**ail** pilée
750 g de **pommes de terre**
    épluchées et coupées
    en tranches
330 ml de **bouillon**
    de poisson
500 ml de **lait écrémé**
125 ml de **crème fraîche**
3 c. à s. de **persil** frais ciselé

Faites tremper les palourdes 1 heure dans de l'eau salée pour que le sable se dépose au fond. Égouttez-les bien puis faites-les ouvrir à feu vif, dans une grande cocotte avec un peu d'eau. Agitez vivement la cocotte. Quand les palourdes sont ouvertes (il faut compter 4 minutes), égouttez-les pour récupérer le jus de cuisson et additionnez ce dernier d'eau pour obtenir 330 ml de liquide. Filtrez ce dernier dans un tamis fin. Triez les palourdes pour éliminer celles qui sont restées fermées ; gardez les autres au chaud.

Faites chauffer l'huile dans une casserole et faites-y dorer le bacon à feu vif avant d'ajouter l'oignon et l'ail. Laissez cuire encore 5 minutes puis incorporez les pommes de terre. Mouillez avec le jus de cuisson des palourdes et le bouillon de poisson. Portez à ébullition avant de verser le lait. Portez à ébullition puis laissez frémir 20 minutes à couvert : les pommes de terre doivent être très tendres.

Retirez le couvercle et prolongez la cuisson à feu moyen pendant 10 minutes, pour faire épaissir la soupe. Ajoutez alors la crème, les palourdes et le persil. Réchauffez à feu moyen sans laisser bouillir. Servez aussitôt.

ragoût de fruits de mer

Pour **4 personnes**

400 g de **crevettes** roses
4 beaux filets de **sole**
12 **moules**
12 grosses **langoustines**
60 ml d'huile d'olive
1 **oignon brun** émincé
1 **carotte**
  coupée en tranches
3 gousses d'**ail** pilées
1 **piment rouge** émincé
400 g de **tomates**
  concassées en boîte
1 c. à s. de **concentré
  de tomates**
250 ml de **vin blanc sec**
500 ml de **bouillon**
  de poisson
1 branche de **thym**
2 tiges de **persil**
1 c. à s. de **persil** frais ciselé
1 c. à s. de **basilic** frais
  ciselé

Décortiquez les crevettes. Coupez les filets de sole en morceaux. Grattez les moules et retirez les barbes. Rincez les langoustines.

Faites chauffer l'huile dans une casserole et faites-y revenir l'oignon, l'ail, la carotte et le piment pendant 5 minutes. Ajoutez les tomates avec leur jus, le concentré de tomate, le vin, le bouillon, le thym et les tiges de persil. Portez à ébullition. Quand le mélange a bouilli, réduisez le feu et laissez frémir 30 minutes.

Faites pocher les morceaux de poisson, les langoustines, les crevettes et les moules 5 minutes dans la soupe. Retirez les moules qui sont restées fermées puis répartissez la soupe dans de grands bols de service. Garnissez de persil et de basilic ciselé au moment de servir.

crevettes à l'indienne

Pour 4 personnes

16 grosses **crevettes** roses
50 g de **ghee** (beurre clarifié)
   ou d'huile végétale
1 **oignon** émincé
2 **tomates** bien mûres
2 gousses d'**ail** émincées
1 c. à c. de **gingembre** frais
   râpé
2 petits **piments rouges**
   épépinés et émincés
1 c. à s. de **coriandre**
   en poudre
1 c. à s. de **cumin**
   en poudre
1 c. à s. de **garam masala**
   (mélange d'épices indien)
1 pincée de **curcuma**
2 c. à s. de **concentré**
   de tomates
400 ml de **lait de coco**
2 c. à s. de **menthe** fraîche
   ciselée

Décortiquez les crevettes en gardant la queue.
Faites chauffer le ghee dans une casserole puis faites-y revenir l'oignon 10 minutes. Pendant ce temps, entaillez en croix la base des tomates et faites-les tremper 30 secondes dans de l'eau bouillante avant de les passer sous l'eau froide. Pelez-les puis coupez-les en deux, épépinez-les et détaillez la chair en dés.

Quand l'oignon est tendre, ajoutez l'ail, le gingembre et le piment. Laissez cuire 2 minutes avant d'incorporer les épices puis les tomates, le concentré et le lait de coco. Faites chauffer jusqu'au point d'ébullition puis laissez frémir 10 minutes. Quand le liquide a un peu réduit, ajoutez les crevettes et faites-les pocher 4 minutes environ : elles doivent changer de couleur mais il ne faut pas qu'elles soient trop cuites. Garnissez de menthe ciselée et servez sans attendre.

Dégustez ces crevettes avec du riz vapeur et des naans (pains indiens très plats que l'on peut faire réchauffer quelques minutes au four).

curry de crevettes et Saint-Jacques

Pour **4 personnes**

16 noix de **Saint-Jacques**
20 **crevettes** roses
115 g de **nouilles de riz**
50 g de **cacahuètes**
   ou de noix de macadamia
1 c. à s. d'**huile végétale**
800 ml de **lait de coco**
80 ml de **jus de citron vert**
115 g de **germes de soja**
   frais
quelques feuilles de **menthe**
   fraîche
1 **mini-concombre** pelé,
   épépiné et coupé
   en bâtonnets

Pâte de curry
3 **piments rouges** épépinés
2 blancs de **citronnelle**
   hachés
1 morceau de **gingembre**
   râpé
4 **échalotes** pelées
3 c. à c. de **pâte**
   de crevettes
3 c. à c. de **curcuma**
   en poudre

Nettoyez les noix de Saint-Jacques en retirant le corail. Décortiquez les crevettes en gardant la queue. Faites tremper les nouilles 10 minutes dans l'eau bouillante puis égouttez-les.

Pour la pâte de curry, mixez tous les ingrédients pour obtenir une préparation homogène.

Faites dorer à sec les cacahuètes ou les noix de macadamia dans une poêle antiadhésive (surveillez la cuisson pour éviter qu'elles ne brûlent). Concassez-les grossièrement.

Faites revenir 2 minutes la pâte de curry dans l'huile chaude, dans une grande poêle, puis mouillez avec le lait de coco en remuant sans cesse. Laissez frémir 10 minutes après les premiers bouillons.

Quand le lait de coco a un peu épaissi, allongez-le avec le jus de citron puis ajoutez les trois quarts des germes de soja. Faites frémir à nouveau le liquide puis faites-y pocher les crevettes et les noix de Saint-Jacques. Elles doivent cuire en 5 minutes.

Répartissez les nouilles dans quatre bols chinois, ajoutez le curry et les feuilles de menthe. Garnissez avec le reste des germes de soja et les bâtonnets de concombre.

Pour une recette plus chic, utilisez de la lotte ou de la queue de homard ou de langouste.

curry de crevettes thaï

Pour **4 personnes**

1 kg de **crevettes**
1 c. à s. d'**huile végétale**
2 c. à s. de **nuoc-mâm**
1 morceau de **gingembre**
   de 2 cm
4 feuilles de **kaffir**
   (citronnier thaï)
400 ml de **crème de coco**
2 **piments rouges**
   en tranches
quelques feuilles
   de **coriandre**

Pâte de curry
1 petit **oignon émincé**
3 gousses d'**ail**
4 **piments rouges** séchés
4 grains de **poivre noir**
2 c. à s. de blanc
   de **citronnelle**
   émincé très finement
1 c. à s. de **racine**
   de coriandre
2 c. à c. de **zeste de citron**
   vert râpé
2 c. à c. de graines
   de **cumin**
1 c. à c. de **paprika doux**
1 c. à c. de **coriandre**
   en poudre
2 c. à s. d'**huile végétale**

Commencez par préparer la pâte de curry en mixant tous les ingrédients pour former une pâte épaisse.

Faites chauffer l'huile dans une sauteuse et faites-y revenir la moitié de la pâte de curry (gardez le reste au réfrigérateur pour un autre emploi ; elle se conserve 1 semaine). Au bout de 30 secondes (remuez sans cesse), ajoutez le nuoc-mâm, le gingembre, les feuilles de kaffir et la crème de coco. Remuez bien.

Quand la sauce est chaude (elle ne doit pas bouillir), ajoutez les crevettes. Laissez frémir 10 minutes pour que la sauce épaississe légèrement. Servez ce curry décoré de fines tranches de piment et de feuilles de coriandre.

Vous trouverez des tiges de coriandre entières dans les épiceries asiatiques. Achetez-en plusieurs et congelez séparément les racines, les tiges et les feuilles ; tiges et racines seront hachées tandis que vous garderez les feuilles entières. Conservez de même les feuilles de kaffir.

pavés d'espadon au poivron

Pour **4 personnes**

4 pavés d'**espadon**
de 200 g chacun
1 **oignon** en tranches fines
1 **poivron rouge**
en tranches fines
150 ml d'**huile végétale**
80 ml de **jus de citron**
sel et **poivre**
1 c. à c. de **piment**
de Cayenne
100 ml de **bouillon**
de poisson

Mettez les pavés d'espadon dans un grand récipient. Couvrez de tranches de poivron et d'oignon. Mélangez dans un bol 80 ml d'huile avec le jus de citron puis versez sur le poisson. Salez et poivrez. Couvrez et laissez mariner 30 minutes au réfrigérateur.

Retirez les oignons et les poivrons du plat puis égouttez-les bien. Faites chauffer 2 cuillerées à soupe d'huile dans une sauteuse pour y faire revenir l'oignon et le poivron, d'abord à feu vif puis 10 minutes à feu doux, sans couvrir.

Égouttez les pavés d'espadon ; réservez la marinade. Quand le poivron et l'oignon sont cuits, retirez-les de la sauteuse et gardez-les au chaud. Faites chauffer le reste d'huile dans la même sauteuse pour y faire dorer les pavés de poisson, 1 minute de chaque côté. Remettez alors le poivron et l'oignon dans la sauteuse, versez la marinade et le bouillon, saupoudrez de piment. Portez à ébullition, couvrez puis laissez frémir 7 minutes. Servez sans attendre.

Cette recette est aussi délicieuse avec du thon rouge ou blanc, du marlin ou du cabillaud à la place d'espadon.

soupe crevettes Saint-Jacques

Pour **4 personnes**

16 **crevettes**
8 noix de **Saint-Jacques**
4 **champignons shiitake**
  séchés
100 g de **nouilles soba**
  (nouilles japonaises)
1 sachet de **dashi**
  (bouillon japonais)
  déshydraté
1 **carotte** coupée
  en bâtonnets fins
150 g de **tofu** ferme
  coupé en cubes
2 **oignons de printemps**
  émincés
1 c. à s. de **mirin**
  (vin de riz sucré)

Décortiquez les crevettes en gardant les queues. Nettoyez les noix de Saint-Jacques et retirez le corail.

Faites tremper les champignons 30 minutes dans 300 ml d'eau bouillante. Faites cuire les nouilles 2 minutes environ dans un grand volume d'eau bouillante salée puis égouttez-les et rincez-les à l'eau froide.

Mélangez dans une casserole le bouillon en sachet et 1 litre d'eau. Égouttez les champignons et ajoutez-les dans la casserole, ainsi que la carotte en bâtonnets. Portez à ébullition puis laissez frémir 5 minutes avant d'incorporer le tofu, les crevettes, les noix de Saint-Jacques, les oignons et le mirin. Faites pocher le tout 4 minutes sans laisser bouillir.

Versez de l'eau bouillante sur les nouilles pour les réchauffer, séparez-les à la fourchette puis répartissez-les dans les assiettes de service. Disposez ensuite les noix de Saint-Jacques et les crevettes puis versez le bouillon. Servez sans attendre.

Tous les ingrédients japonais de cette recette se trouvent dans certaines grandes surfaces et dans les épiceries asiatiques. Évitez de les remplacer par d'autres presque semblables car cette soupe perdrait de son caractère.

marmite de la mer à la portugaise

Pour **4 personnes**

400 g de **moules**
4 tranches de **colin**
800 g de **pommes de terre**
  coupées en tranches
12 **crevettes** moyennes
60 ml d'**huile d'olive**
1 **oignon brun** émincé
4 gousses d'**ail** émincées
1 **poivron rouge** émincé
1 c. à s. de **paprika**
1 c. à s. de **vinaigre**
  de xérès
100 ml de **vin blanc sec**

Grattez les moules et retirez les barbes. Coupez les tranches de poisson en deux. Décortiquez les crevettes.

Mettez les pommes de terre dans une casserole, couvrez d'eau bouillante salée et laissez cuire environ 10 minutes. Égouttez-les et réservez-les au chaud, à couvert, dans un plat de service.

Pendant que les pommes de terre cuisent, faites revenir l'oignon dans l'huile chaude puis ajoutez l'ail et le poivron. Laissez cuire 1 minute avant d'incorporer le paprika, le vinaigre, le vin blanc et 2 cuillerées à soupe d'eau. Faites ouvrir les moules dans ce liquide (comptez environ 4 minutes pour qu'elles soient bien ouvertes).

Retirez les moules de la sauteuse et mettez à la place les morceaux de poisson et les crevettes. Couvrez et laissez cuire 7 minutes à feu doux. Remettez les moules dans la sauteuse pour les réchauffer (jetez celles qui sont restées fermées). Présentez ce mélange sur les pommes de terre. Servez sans attendre.

Préparez la même recette en remplaçant le colin par du cabillaud, de la dorade ou de la perche de mer.

curry de poisson

Pour **4 personnes**

600 g de **filets de sole**
12 **crevettes** moyennes
4 gousses de **cardamome**
1 c. à c. de graines
de **coriandre**
2 c. à c. de graines
de **moutarde**
2 c. à s. de **noix de coco**
râpée
60 ml d'**huile végétale**
1 **oignon brun** haché
2 gousses d'**ail** émincées
très finement
3 **piments verts** épépinés
et émincés
1 c. à s. de **gingembre** frais
râpé
½ c. à c. de **curcuma**
en poudre
1 pincée de **noix
de muscade** râpée
4 **clous de girofle**
2 c. à s. de **pâte de tamarin**
(p. 66)
6 feuilles de **laurier**
2 bâtons de **cannelle**
800 ml de **lait de coco**
quelques feuilles
de **coriandre**

Coupez les filets de poisson en cubes. Décortiquez les crevettes sans garder la queue.

Écrasez les gousses de cardamome, récupérez les graines et mettez-les dans une poêle avec la coriandre. Faites-les griller à sec en remuant sans cesse puis pilez-les dans un mortier pour les réduire en poudre. Faites également griller à sec les graines de moutarde et la noix de coco. Réservez.

Faites chauffer l'huile dans une sauteuse et faites-y revenir l'oignon 5 minutes. Ajoutez l'ail, les piments, le gingembre, le curcuma et la noix de muscade. Laissez cuire 1 minute environ puis incorporez les épices grillées, les graines de moutarde et la noix de coco, les clous de girofle, le tamarin, les feuilles de laurier, la cannelle et le lait de coco.

Amenez le mélange au point d'ébullition puis baissez le feu et laissez frémir 10 minutes sans couvrir. Quand le mélange a légèrement épaissi, faites-y pocher les morceaux de poisson et les crevettes (environ 5 minutes). Ajoutez les feuilles de coriandre au moment de servir.

Vous pouvez aussi utiliser du carrelet ou de la limande pour ce curry de poisson.

tourtes aux crevettes

Pour **4 personnes**

1 kg de **crevettes** roses
60 g de **beurre**
1 blanc de **poireau** émincé
1 gousse d'**ail** pilée
1 c. à s. de **farine**
185 ml de **bouillon**
 de légumes
125 ml de **vin blanc sec**
500 ml de **crème fraîche**
2 c. à s. de **jus de citron**
1 c. à s. d'**aneth** frais ciselé
1 c. à s. de **persil** frais ciselé
1 c. à c. de **moutarde**
 de Dijon
1 rouleau de **pâte feuilletée**
1 **œuf** légèrement battu

Décortiquez les crevettes. Préchauffez le four
à 220 °C.

Faites fondre le beurre dans une sauteuse et faites-
y fondre le poireau et l'ail 2 minutes. Ajoutez les
crevettes et laissez-les cuire 2 minutes également.
Quand elles sont roses, retirez-les de la poêle une
à une et réservez-les au chaud.

Farinez le mélange poireau-ail sans cesser de remuer.
Laissez-le cuire 1 minute puis mouillez avec le bouillon
et le vin, en procédant en plusieurs fois pour éviter les
grumeaux. Quand le mélange est homogène, portez
à ébullition puis laissez frémir 10 minutes avant
d'incorporer la crème. Portez à nouveau à ébullition
puis laissez frémir 20 minutes à feu très doux :
la sauce va réduire de moitié. Ajoutez le jus de citron,
les herbes et la moutarde.

Répartissez la moitié de la sauce dans quatre
ramequins, ajoutez les crevettes puis le reste de
sauce. Découpez 4 disques dans le rouleau de pâte
feuilleté et couvrez-en chaque ramequin. Faites
un petit trou dans la pâte pour que la vapeur puisse
s'échapper et dorez à l'œuf battu. Faites cuire
20 minutes au four.

plats d'été

salade de crevettes à la grecque

Pour **6 personnes**

1 kg de **crevettes**
4 **oignons** nouveaux
  émincés
4 tomates **olivettes**
  émincées
1 **poivron rouge** haché
400 g de **pois chiches**
  en boîte
1 c. à s. d'**aneth** ciselé
3 c. à s. de **basilic**
  finement ciselé
60 ml d'**huile d'olive**
60 g de **beurre**
2 petits **piments rouges**
  émincés très finement
2 gousses d'**ail** pilées
2 c. à s. de **jus de citron**
300 g de **roquette**
150 g de **feta**

Mélangez les oignons, les tomates, le poivron, les pois chiches, l'aneth et le basilic dans un grand saladier.

Décortiquez les crevettes en gardant les queues. Faites chauffer l'huile et le beurre dans un wok et faites revenir les crevettes 3 minutes à feu vif, tout en remuant. Ajoutez le piment et l'ail et poursuivez la cuisson 2 minutes. Quand les crevettes sont roses, retirez le wok du feu et incorporez le jus de citron.

Disposez la roquette sur un grand plat, ajoutez la salade de tomates et pois chiches puis les crevettes. Servez cette salade agrémentée de feta émiettée.

salade niçoise

Pour **4 personnes**

200 g de **thon** frais
ou 175 g de thon à l'huile
en boîte
3 gros **œufs**
200 g de **haricots verts**,
effilés et coupés en deux
1 **mini-concombre** épépiné
et coupé en gros dés
3 **tomates** olivettes
coupées en 8 quartiers
1 petit **oignon rouge**
émincé très finement
225 g de **laitue** détaillée
en petits morceaux
1 petit **poivron rouge**
finement émincé
6 filets d'**anchois** égouttés,
coupés en deux
dans la longueur
10 petites **olives noires**
dénoyautées et coupées
en deux dans la longueur
1 à 2 c. à s. de **basilic**
grossièrement ciselé

Assaisonnement
100 ml d'**huile d'olive**
50 ml de **vinaigre de vin
rouge**
1 c. à c. de **moutarde
de Dijon**
1 belle pincée de **sucre
en poudre**
1 petite gousse d'**ail** pilée

Faites griller le thon frais dans une poêle et émiettez-le ou bien égouttez le thon en boîte et mettez-le dans un récipient. Plongez les œufs dans une casserole d'eau froide, portez à ébullition puis réduisez le feu et laissez frémir 6 à 7 minutes. Passez les œufs sous l'eau froide, écalez-les et coupez-les en quatre.

Faites blanchir les haricots dans une grande casserole d'eau bouillante salée puis égouttez-les et passez-les sous l'eau froide.

Pour la sauce, battez tous les ingrédients au fouet dans un bol.

Mélangez les haricots, le concombre, les tomates, l'oignon, la laitue, le poivron, les filets d'anchois et les olives dans un grand saladier. Ajoutez le basilic et le thon. Nappez de sauce et remuez délicatement. Disposez les œufs durs sur la salade ; servez cette dernière avec des tranches de pain frais.

salade de poulpes

Pour **4 personnes**

650 g de petits **poulpes**
120 g de **mesclun**
quelques quartiers de **citron**

Assaisonnement
2 c. à s. de **jus de citron**
100 ml d'**huile d'olive**
1 gousse d'**ail** très finement
  émincée
1 c. à s. de **menthe** ciselée
1 c. à s. de **persil** ciselé
1 c. à c. de **moutarde**
  de Dijon
1 pincée de **poivre**
  de Cayenne

Faites cuire les poulpes 8 à 10 minutes dans
une grande casserole d'eau frémissante. Leur chair
doit être tendre sous la pointe d'un couteau.

Pendant ce temps, préparez l'assaisonnement.
Mélangez le jus de citron, l'huile d'olive, l'ail, la menthe,
le persil, la moutarde et le poivre de Cayenne.

Égouttez soigneusement les poulpes et mettez-les
dans un saladier. Versez l'assaisonnement, remuez
et laissez tiédir quelques minutes avant de mettre les
poulpes au réfrigérateur. Laissez-les refroidir au moins
3 heures avant de les servir sur un lit de mesclun,
arrosés d'un peu de sauce et agrémentés de quartiers
de citron.

brochettes de thon au romarin

Pour 4 personnes

1 kg de **thon** détaillé
  en gros cubes
8 brins de **romain** d'environ 20 cm partiellement
  effeuillés
de l'**huile végétale**
  pour la cuisson
3 **tomates**
1 c. à s. d'**huile d'olive**
2 à 3 petits **piments rouges**
  épépinés et finement
  hachés
3 à 4 gousses d'**ail** pilées
1 **oignon rouge**
  finement haché
60 ml de **vin blanc** ou d'eau
400 g de **pois chiches**
  en boîte
3 c. à s. d'**origan** ciselé
4 c. à s. de **persil** ciselé
quelques quartiers de **citron**

Coupez les tomates en deux ou en quatre, épépinez-les à la cuillère et hachez grossièrement la pulpe.

Faites chauffer l'huile dans une grande poêle antiadhésive et faites fondre le piment, l'ail et l'oignon rouge 5 minutes à feu moyen. Ajoutez la pulpe de tomate et le vin blanc ou l'eau et laissez réduire 10 minutes à feu doux. Quand la sauce est bien onctueuse, incorporez les pois chiches, l'origan et le persil.

Faites chauffer un gril en fonte (ou un barbecue). Enfilez les cubes de thon sur les tiges de romarin, badigeonnez-les d'un peu d'huile et faites cuire ces brochettes 3 minutes en les retournant de temps en temps. Le thon doit être doré mais légèrement rosé au centre. Servez avec les pois chiches et les quartiers de citron.

Si vous le souhaitez, vous pouvez remplacer le thon par d'autres poissons à chair ferme comme l'espadon, le marlin rayé ou le saumon.

poisson tikka

Pour **4 personnes**

500 g de filets de **bar**
   sans la peau
2 **oignons** coupés
   en 8 morceaux
2 petits **poivrons verts**
   ou rouges, épépinés et
   coupés en 8 morceaux
1 **mini-concombre** pelé
   et coupé en cubes
2 c. à s. de feuilles
   de **coriandre** ciselée
quelques quartiers de **citron**

Marinade
500 g de **yaourt**
   à la grecque
2 **échalotes**
   finement hachées
1 c. à s. de **gingembre** frais
   râpé
2 gousses d'**ail** pilées
2 c. à s. de **jus de citron**
1 c. à c. de **coriandre**
   moulue
1 c. à s. de **garam masala**
   (mélange d'épice indien)
1 c. à c. de **paprika**
1 c. à c. de **piment**
   en poudre
2 c. à s. de **purée**
   de tomate

Pour la marinade, mélangez la moitié du yaourt,
1 cuillerée à café de sel et tous les autres ingrédients
dans un plat assez long pour accueillir les brochettes.

Découpez le poisson en 24 morceaux. Enfilez
3 morceaux de poisson et deux morceaux d'oignon
et de poivron sur chaque brochette, en alternant
à votre fantaisie. Roulez les brochettes dans
la marinade pour qu'elles s'en imprègnent de toutes
parts. Couvrez et laissez mariner au moins 1 heure
au réfrigérateur.

Préchauffez le barbecue ou le gril du four. Sortez
les brochettes de la marinade et faites-les griller
environ 5 minutes sur le barbecue ou sous le gril.
Le poisson doit être ferme et opaque.

Pendant ce temps, mélangez le concombre, la
coriandre et le reste de yaourt. Servez les brochettes
accompagnées de yaourt et de quartiers de citron.

Cette recette sera aussi délicieuse avec de la
dorade, du vivaneau ou du mérou à la place du bar.

brochettes de poisson

Pour 12 brochettes

750 g de pavés de **julienne**
  épais
225 g d'**ananas**
  en morceaux en boîte
1 gros **poivron rouge**
1 c. à s. de **sauce de soja**
2 c. à s. de **sucre brun**
2 c. à s. de **vinaigre blanc**
2 c. à s. de **sauce tomate**

Faites tremper 12 brochettes en bois 30 minutes à l'eau froide pour éviter qu'elles ne brûlent. Pendant ce temps, découpez le poisson en gros cubes. Égouttez les ananas et réservez 2 cuillerées à soupe de leur jus. Coupez le poivron en carrés. Enfilez les morceaux de poivron, de poisson et d'ananas sur les brochettes en alternant à votre gré.

Étalez les brochettes dans un grand plat. Dans un bol, mélangez la sauce de soja, le jus d'ananas réservé, le sucre, le vinaigre et la sauce tomate. Versez cette sauce sur les brochettes, couvrez et réservez 2 à 3 heures au réfrigérateur.

Sur un gril en fonte chaud, légèrement huilé, faites cuire les brochettes 2 à 3 minutes de chaque côté, en les badigeonnant régulièrement de marinade. Servez immédiatement.

Vous pouvez remplacer la julienne par d'autres poissons blancs comme le cabillaud ou le marlin rayé.

brochettes de crevettes miel citron

Pour **4 personnes**

32 **crevettes** roses
3 c. à s. de **miel** liquide
1 petit **piment rouge**
   épépiné et finement haché
2 c. à s. d'**huile d'olive**
le zeste et le jus
   de 2 **citrons verts**
1 belle gousse d'**ail** pilée
1 morceau de **gingembre**
   frais (2 cm) finement râpé
1 c. à s. de **coriandre**
   ciselée

Salsa de tomates
2 **tomates**
1 petite **mangue** pas
   trop mûre coupée en dés
½ petit **oignon rouge**
   coupé en dés
1 petit **piment rouge**
   épépiné et finement haché
2 c. à s. de **coriandre**
   ciselée
le zeste et le jus de 1 **citron
vert**

Décortiquez les crevettes en gardant les queues et mettez-les dans un grand plat. Battez ensemble le miel, le piment, l'huile d'olive, le zeste et le jus de citron vert, l'ail, le gingembre et la coriandre. Arrosez les crevettes de ce mélange et remuez bien puis couvrez-les et laissez-les mariner au moins 3 heures au réfrigérateur, en les retournant de temps en temps dans la marinade. Pendant ce temps, faites tremper 8 brochettes en bois 30 minutes dans l'eau froide.

Pour la salsa, entaillez la base des tomates en croix et plongez-les 30 secondes dans l'eau bouillante puis dans l'eau froide. Pelez-les en partant de l'entaille, coupez-les en deux, retirez les pépins et découpez la chair en petits cubes. Récupérez le jus. Dans un saladier, mélangez les tomates et leur jus avec la mangue, l'oignon rouge, le piment, la coriandre, le zeste et le jus de citron vert.

Préchauffez un gril en fonte à feu vif. Enfilez 4 crevettes sur chaque brochette et saisissez-les 4 minutes, en les retournant à mi-cuisson. Arrosez-les régulièrement de marinade en cours de cuisson. Elles doivent être roses et légèrement dorées de toutes parts. Servez-les accompagnées de salsa.

fruits de mer grillés à la chinoise

Pour **6 personnes**

500 g de **crevettes** roses
300 g de noix de **Saint-Jacques** sans le corail
500 g de petits **calamars** nettoyés, les tentacules coupés en quatre
500 g de petits **poulpes** nettoyés
250 ml de **sauce au piment douce**
1 c. à s. de **nuoc-mâm**
2 c. à s. de jus de **citron vert**
60 ml d'**huile d'arachide**
quelques quartiers de **citron vert**

Décortiquez les crevettes en gardant les queues. Mettez-les dans un saladier avec les noix de Saint-Jacques, les calamars et les poulpes. Dans un autre saladier, mélangez la sauce au piment douce, le nuoc-mâm, le jus de citron vert et 1 cuillerée à soupe d'huile d'arachide. Versez ce mélange sur les fruits de mer, remuez et laissez mariner 1 heure. Égouttez et réservez la marinade.

Faites chauffer le reste d'huile sur un gril en fonte et saisissez les fruits de mer 3 à 5 minutes à feu vif. Procédez en plusieurs tournées si nécessaire et arrosez régulièrement de marinade pendant la cuisson. Servez les fruits de mer sur un lit de riz à la vapeur, accompagnés de quartiers de citron vert.

calamars grillés sauce picada

Pour **300 g**

750 g de petits **calamars**
  vidés
de la **roquette**
du **pain de campagne**

Sauce picada
60 ml d'**huile d'olive**
3 c. à s. de **persil** plat
  finement ciselé
2 gousses d'**ail** pilées

Nettoyez les calamars en séparant les têtes
et les tentacules. Lavez-les et essuyez-les bien.

Dans un saladier, mélangez soigneusement les corps
et les tentacules des calamars. Couvrez et réservez
30 minutes au réfrigérateur. Faites chauffer un gril
en fonte (ou un barbecue) légèrement huilé.

Pour la sauce picada, mélangez l'huile d'olive,
le persil et l'ail dans un saladier.

Faites cuire les corps des calamars 2 à 3 minutes
au barbecue, en procédant en plusieurs tournées.
Faites dorer les tentacules 1 minute. Servez chaud,
nappé de sauce picada et accompagné de pousses
de roquette et de pain de campagne.

Remplacez les calamars par des crevettes roses
ou par du poisson à chair ferme.

sardines grillées au pesto

Pour **4 personnes**

12 **sardines** vidées
  et écaillées
250 ml d'**huile d'olive**
1 c. à s. de **romarin** ciselé
1 c. à s. de **thym** ciselé
700 g de **courge butternut**
2 petits **oignons rouges**

Pesto
30 g de **persil** plat
2 gousses d'**ail** pilées
40 g de **noix**
  de macadamia
90 g de **parmesan** râpé
150 ml d'**huile d'olive**

Essuyez les sardines et ouvrez-les sans séparer les filets. Mettez-les dans un plat creux. Mélangez l'huile, le romarin et le thym et arrosez les sardines de cet assaisonnement. Laissez mariner 1 heure, jusqu'au moment de la cuisson. Faites chauffer un barbecue.

Pendant ce temps, coupez la courge en tranches. Coupez les oignons en deux.

Pour le pesto, mettez tous les ingrédients dans le bol du robot et mixez jusqu'à obtention d'une pâte. On peut aussi les hacher menu et les écraser au mortier.

Faites cuire la courge, l'oignon et les sardines au barbecue, 2 à 3 minutes sur chaque face, en les badigeonnant régulièrement de marinade. Servez trois sardines par personne, accompagnées de tranches de courge et d'oignon grillé. Garnissez de pesto.

Le merlan, le maquereau et les anchois sont aussi délicieux grillés avec du pesto.

poisson grillé oignons gingembre

Pour 4 personnes

1 kg de **vivaneau** vidé
et écaillé

2 c. à c. de baies de **poivre
vert** égouttées et pilées

2 c. à c. de **piment rouge**
très finement émincé

3 c. à c. de **nuoc-mâm**

60 ml d'**huile végétale**

2 **oignons** finement émincés

1 morceau de **gingembre**
frais (4 cm) émincé

3 gousses d'**ail**
très finement émincées

2 c. à c. de sucre en poudre

4 **oignons nouveaux**
très finement émincés

Sauce à l'ail et au citron

60 ml de **jus de citron**

2 c. à s. de **nuoc-mâm**

1 c. à s. de **sucre
en poudre**

2 petits **piments rouges**
finement hachés

3 gousses d'**ail** hachées

Lavez et essuyez le poisson (intérieur et extérieur)
avec un papier absorbant. Entaillez la partie la plus
charnue en losanges sur chaque face.

Formez une pâte avec les baies de poivre vert,
le piment et le nuoc-mâm. Badigeonnez-en le poisson
et réservez 20 minutes au réfrigérateur.

Pour la sauce à l'ail et au citron, mélangez le jus
de citron, le nuoc-mâm, le sucre, le piment et l'ail
dans un saladier jusqu'à dissolution du sucre.

Sur un gril en fonte très chaud légèrement huilé,
faites revenir le poisson 8 minutes de chaque côté.
La chair doit s'émietter facilement à la fourchette.

Pendant la cuisson du poisson, mettez le reste
de l'huile à chauffer dans une poêle et faire dorer
les oignons quelques minutes à feu moyen. Ajoutez
le gingembre, l'ail et le sucre ; poursuivez la cuisson
3 minutes. Nappez le poisson de cette préparation.
Agrémentez le tout d'oignons nouveaux émincés et
servez accompagné de sauce et de riz à la vapeur.

Préparez la même recette en remplaçant le vivaneau
par de la dorade.

saumon grillé gingembre concombre

Pour **4 personnes**

4 darnes de **saumon**
2 **mini-concombres**
   pelés et épépinés,
   coupés en petits dés
1 **oignon rouge**
   émincé très finement
1 **piment rouge**
   émincé très finement
2 c. à s. de **gingembre**
   mariné au vinaigre,
   finement haché
2 c. à s. de **vinaigre de riz**
½ c. à c. d'**huile de sésame**
1 feuille de **nori** grillé
   (algue séchée) coupée
   en fines lamelles

Mélangez le concombre, l'oignon, le piment, le vinaigre de riz et l'huile de sésame dans un saladier. Couvrez et laissez mariner à température ambiante le temps de faire cuire le saumon.

Préchauffez un gril en fonte (ou un barbecue) et faites griller le saumon 2 minutes de chaque côté (pas plus, pour qu'il reste moelleux et rosé). Nappez le saumon de la sauce au concombre et agrémentez de lamelles de nori grillé. Servez accompagné de riz à la vapeur.

Pour un goût plus délicat, remplacez le saumon par de la truite de mer.

rougets en papillotes et poivrons

Pour **6 personnes**

6 beaux **rougets** vidés
et écaillés
12 brins de **thym**
1 **citron** coupé
en tranches fines
2 gousses d'**ail**
finement émincées
12 feuilles de **maïs**
un filet d'**huile d'olive**
2 bottes d'**asperges**
fraîches
quelques quartiers
de **citron**

Salade de poivrons
2 **poivrons rouges**
2 c. à s. d'**huile d'olive**
1 petite gousse d'**ail** pilée
1 c. à s. de **jus de citron**
1 c. à s. de **basilic** ciselé
1 c. à s. de **pignons** de pin
100 g de petites **olives**
noires

Commencez par préparer la salade. Découpez les poivrons en gros morceaux. Passez-les sous le gril, peau sur le dessus, jusqu'à ce qu'elle noircisse et cloque. Vous pouvez aussi les faire griller au bout d'une pique, au-dessus des braises d'un barbecue. Laissez les poivrons refroidir dans un sac plastique avant de les peler et de les découper en dés.

Travaillez l'huile d'olive, l'ail, le jus de citron et le basilic au fouet dans un petit saladier puis incorporez les poivrons, les pignons de pin et les olives.

Lavez les poissons et essuyez-les avec du papier absorbant. Garnissez-les de thym, de citron et d'ail, arrosez-les d'huile olive puis enveloppez-les dans les feuilles de maïs en maintenant ces dernières avec de la ficelle de cuisine.

Placez les papillotes sur la grille du barbecue et laissez-les cuire 6 à 8 minutes en les retournant une fois en cours de cuisson. Le poisson est cuit quand la chair s'émiette facilement à la fourchette. Pendant ce temps, badigeonnez les asperges d'huile et faites-les cuire 3 à 4 minutes au barbecue en les retournant de temps en temps. Nappez les asperges de sauce. Servez le poisson sans attendre, avec les asperges et la salade.

en toutes
saisons

pavés de thon marinés

Pour **4 personnes**

4 pavés de **thon**
  de 175 g chacun
80 ml de **sauce de soja**
60 ml de **mirin**
  (vin de riz doux)
1 c. à s. de **saké**
1 c. à c. de **sucre
en poudre**
1 c. à c. de **gingembre** frais
  râpé
2 c. à c. de **jus de citron**
1 c. à s. d'**huile végétale**

Mettez les pavés de thon dans un plat creux. Mélangez la sauce de soja, le mirin, le saké, le sucre, le gingembre et le jus de citron. Versez le tout sur les pavés de thon, couvrez et laissez mariner 30 minutes au réfrigérateur.

Préchauffez un gril en fonte. Sortez les pavés de thon de la marinade et versez celle-ci dans une casserole. Portez-la à ébullition pour la faire réduire pendant 1 minute.

Étalez l'huile sur le gril et faites cuire les pavés de thon 2 à 3 minutes de chaque côté : ils doivent rester légèrement roses au centre. Servez-les avec la marinade réduite.

Servez ces pavés de thon avec du riz et les légumes de votre choix : choux chinois cuits à la vapeur, ratatouille, tomates rôties… Vous pouvez aussi remplacer les pavés de thon par des pavés de saumon.

filet de vivaneau au beurre brun

Pour **6 personnes**

6 filets de **vivaneau** ou
  de **julienne** de 2 cm
  d'épaisseur
125 g de **beurre doux**
2 c. à s. de mélange **cajun**
  (épiceries fines)
2 c. à s. de **paprika doux**
des quartiers de **citron**

Faites fondre le beurre puis badigeonnez-en généreusement les filets de poisson.

Mettez le mélange cajun et le paprika dans un bol, remuez puis saupoudrez-en les deux côtés des filets de poisson. Étalez le mélange avec les doigts pour le faire adhérer à la chair du poisson.

Faites chauffer une grande poêle antiadhésive et faites cuire les filets de poisson deux à deux, environ 2 minutes de chaque côté ; retournez-les délicatement avec une grande spatule pour éviter qu'ils ne se cassent. Servez aussitôt avec les quartiers de citron.

Originaire de Louisiane, le mélange cajun associe diverses épices et aromates séchés et broyés finement : céleri, paprika, piment de Cayenne, origan, thym, ail, oignon… On l'utilise pour parfumer volailles, fruits de mer et légumes. Ayez la main légère au début car certaines préparations peuvent être très relevées.

gratin aux anchois

Pour **4 personnes**

15 filets d'**anchois**
  en saumure
80 ml de **lait**
60 g de **beurre**
2 **oignons bruns** émincés
5 **pommes de terre**
  sans la peau
500 g de **crème fraîche**

Préchauffez le four à 200 °C. Faites dessaler les filets d'anchois 5 minutes dans le lait puis égouttez-les.

Faites fondre la moitié du beurre dans une poêle et faites-y revenir les oignons 5 minutes. Coupez le reste du beurre en petits morceaux.

Coupez les pommes de terre en bâtonnets de 5 mm de section. Étalez-en la moitié dans un plat à gratin légèrement beurré, ajoutez les anchois puis les oignons et terminez par le reste des pommes de terre.

Versez la moitié de la crème sur les pommes de terre avant d'ajouter les morceaux de beurre. Mettez le gratin au four pendant 20 minutes puis versez le reste de crème. Laissez cuire encore 40 minutes.

poisson pané mayonnaise ciboulette

Pour **4 personnes**

4 filets de **perche du Nil**
  de 200 g chacun
75 g de **Maïzena**
60 ml d'**huile végétale**

Mayonnaise
160 g de **mayonnaise**
2 c. à s. de **ciboulette**
  ciselée
1 c. à s. de **sauce**
  au piment douce

Commencez par préparer la mayonnaise en mélangeant tous les ingrédients puis mettez-la au réfrigérateur jusqu'au moment de servir.

Étalez la Maïzena dans une assiette creuse. Faites 4 entailles en diagonale sur chaque filet de poisson, des deux côtés. Retournez plusieurs fois les filets dans la Maïzena.

Faites chauffer l'huile dans une grande poêle. Secouez bien les filets de poisson pour éliminer l'excédent de Maïzena et faites-les frire tous ensemble dans la poêle, 3 minutes de chaque côté. Servez avec la mayonnaise.

Si vous ne trouvez pas de perche de Nil, vous pouvez utiliser du vivaneau, du haddock, du merlan ou du cabillaud à la place.

pavés de truite en papillotes

Pour **4 personnes**

4 pavés de **truite** saumonée
   de 175 g chacun
25 g de **beurre**
2 c. à s. d'**huile d'olive**
1 **échalote** émincée
250 g de **champignons**
   de Paris en tranches fines
2 c. à s. de **vinaigre**
   de xérès
sel et **poivre**

Préchauffez le four à 220 °C. Faites chauffer le beurre et la moitié de l'huile dans une sauteuse pour y faire revenir l'échalote 3 minutes. Ajoutez les champignons et laissez-les cuire 5 minutes à feu vif. Quand ils sont tendres, mouillez avec le vinaigre et donnez quelques bouillons puis retirez la sauteuse du feu. Salez et poivrez.

Avec le reste d'huile, badigeonnez quatre feuilles de papier sulfurisé. Déposez au centre un pavé de truite, garnissez de champignons puis fermez les papillotes. Mettez-les dans un grand plat et faites-les cuire 10 à 15 minutes au four.

Essayez ces papillotes avec du vivaneau, du saumon ou de la dorade.

filets de dorade à la provençale

Pour **4 personnes**

4 filets de **dorade** ou
    de **vivaneau**
1 petit **poivron rouge**
    émincé
250 g de **sauce tomate**
1 c. à s. de **thym** frais ciselé
sel et **poivre**
40 g de **beurre**

Mixez grossièrement le poivron, la sauce tomate
et le thym. Salez et poivrez.

Faites fondre la moitié du beurre dans une grande
poêle et faites cuire les filets de poisson 1 minute.
Ajoutez le reste du beurre puis retournez les filets de
poisson pour qu'ils cuisent sur l'autre face. Nappez-les
de sauce au poivron, couvrez et prolongez la cuisson
à feu doux pendant 10 minutes. Servez sans attendre.

bar grillé au fenouil

4 **bars** portions
4 petits bulbes de **fenouil**
40 g de **beurre**
2 c. à s. d'**huile d'olive**
2 **oignons bruns** émincés
1 gousse d'**ail** pilée
sel et **poivre**
des feuilles d'**origan**
des quartiers de **citron**

Préchauffez le four à 190 °C. Graissez un grand plat peu profond. Coupez les fenouils en tranches fines.

Faites chauffer le beurre et l'huile dans une poêle et faites-y revenir le fenouil, l'oignon et l'ail 10 minutes à feu moyen. Salez et poivrez.

Étalez 1 pleine cuillerée à soupe de fenouil cuit sur chaque poisson. Mettez le reste dans le plat et disposez dessus les poissons. Couvrez d'une feuille d'aluminium et faites cuire 15 minutes au four. Parsemez d'origan et servez avec les quartiers de citron.

Vous pouvez préparer cette recette avec un gros bar de 1,2 kg environ. Prolongez alors la cuisson de 10 minutes. Vous pouvez aussi remplacer le bar par de la dorade.

pavés d'espadon rôtis et salsa verde

Pour **4 personnes**

4 pavés d'**espadon**
de 200 g chacun
un peu d'**huile d'olive**

Salsa verde
2 c. à s. d'**huile d'olive**
1 **oignon vert** émincé
très finement
1 gousse d'**ail** émincée
très finement
1 **poivron vert**
40 g de **piments verts
doux**
2 c. à s. de **coriandre**
fraîche ciselée
sel et **poivre**

Préchauffez le four à 180 °C. Badigeonnez d'un peu d'huile un grand plat allant au four et mettez-y les pavés d'espadon.

Pour la salsa verde, faites chauffer la moitié de l'huile dans une poêle et faites-y revenir l'oignon et l'ail. Laissez-les cuire 10 minutes à feu moyen, en remuant de temps en temps, puis laissez-les refroidir hors du feu. Faites blanchir le poivron 8 minutes dans de l'eau bouillante puis égouttez-le et mettez-le dans le bol d'un mixeur avec l'oignon et l'ail, les piments, la coriandre et le reste d'huile. Donnez plusieurs impulsions brèves pour obtenir un hachis fin. Salez et poivrez.

Couvrez les pavés d'espadon de salsa verde avant de les faire cuire 20 à 25 minutes au four.

Cette recette se prépare également avec du thon ou du marlin.

truite aux amandes

Pour **2 personnes**

2 **truites** saumonées
un peu de **farine**
60 g de **beurre**
1 c. à s. d'**huile végétale**
25 g d'**amandes** effilées
2 c. à s. de **jus de citron**
1 c. à s. de **persil** frais ciselé
des quartiers de **citron**

Rincez les truites à l'eau froide puis essuyez-les bien avec du papier absorbant. Farinez-les des deux côtés.

Faites chauffer la moitié du beurre et l'huile dans une grande poêle. Quand le beurre commence à mousser, faites-y cuire les truites 4 minutes de chaque côté. Fendez légèrement la peau sur un des côtés pour vérifier que la chair est opaque et cuite jusqu'à l'arête ; dans le cas contraire, prolongez la cuisson de 1 ou 2 minutes.

Quand les truites sont cuites, mettez-les sur les assiettes de service et couvrez-le de papier alu pour les garder chaudes.

Faites fondre le reste du beurre dans une poêle puis ajoutez les amandes. Quand elles commencent à dorer, incorporez le jus de citron et le persil. Laissez 1 minute sur le feu pour que la sauce soit très chaude puis nappez-en les truites. Servez sans attendre avec des quartiers de citron.

filets de julienne frits

Pour **4 personnes**

4 filets de **julienne**
3 c. à s. de **farine**
sel et **poivre**
de l'**huile végétale**
   pour la cuisson

Mélangez la farine, le sel et le poivre dans une assiette creuse. Essuyez les filets de poisson avec du papier absorbant pour enlever toute trace d'humidité pour retournez-les plusieurs fois dans la farine.

Faites chauffer 100 ml d'huile dans une sauteuse et faites-y frire les filets de poisson 3 minutes sur une face, 2 minutes sur l'autre. Baissez le feu et laissez cuire encore 2 minutes. Servez aussitôt.

Accompagnez ces filets de poisson d'une salade de tomates et de concombres bien fraîche. Vous pouvez aussi utiliser du vivaneau, du cabillaud ou du merlan pour cette recette.

truite vapeur sauce chinoise

Pour **2 personnes**

2 **truites** portions
60 ml de **sauce de soja**
½ c. à s. d'**huile de sésame**
1 c. à s. de **vinaigre de riz**
2 c. à s. de **vin de riz chinois**
2 c. à s. de **gingembre** frais râpé
2 c. à s. de **coriandre** fraîche ciselée
2 **oignons verts** émincés

Videz les poissons, rincez l'intérieur à l'eau froide puis essuyez-les avec du papier absorbant. Faites de fines entailles parallèles des deux côtés. Mettez-les côte à côte dans un plat.

Mélangez la sauce de soja, l'huile de sésame, le vinaigre, le vin de riz et le gingembre. Badigeonnez l'intérieur des poissons avec une partie de cette sauce avant de les arroser avec le reste.

Mettez les poissons dans un panier vapeur et faites-les cuire 15 minutes au-dessus d'une casserole d'eau frémissante. Vérifiez la cuisson en piquant une des truites au centre : la chair doit être opaque et se détacher de l'arête centrale.

Présentez les poissons sur un plat de service et garnissez-les de coriandre ciselée et d'oignon vert. Servez aussitôt.

Le vinaigre et le vin de riz sont vendus dans les épiceries asiatiques. À défaut, remplacez-les respectivement par du vinaigre de vin blanc et par un vin blanc pas trop sec. Le bar et la dorade sont excellents préparés de la même façon.

mérou vapeur gingembre piment

Pour **4 personnes**

4 pavés de **mérou**
  de 175 g chacun
1 morceau de **gingembre**
  de 5 cm
3 **oignons verts**
2 gousses d'**ail**
  émincées très finement
2 c. à s. de **piments rouges**
  émincés très finement
2 c. à s. de **coriandre**
  fraîche ciselée
2 c. à s. de **jus de citron**

Tapissez de feuilles de bananier ou de salade le fond d'un panier en bambou.

Coupez le gingembre et les oignons verts en bâtonnets très fins.

Mettez les pavés de mérou dans le panier en bambou et garnissez-les d'un mélange de gingembre, ail, piment et coriandre. Couvrez et faites cuire 10 minutes à la vapeur. Ajoutez les oignons verts et versez un peu de jus de citron sur chaque filet avant de les remettre à cuire 30 secondes. Servez sans attendre.

Les pavés de vivaneau, de cabillaud et de julienne sont aussi délicieux cuits à la vapeur.

poisson au four à la mexicaine

Pour **4 personnes**

4 pavés de **vivaneau**
de 200 g chacun
3 **tomates** en petits dés
½ c. à c. de **cumin**
en poudre
½ c. à c. de **piment
de la Jamaïque**
½ c. à c. de **cannelle**
moulue
1 petit **piment vert** épépiné
et émincé
4 c. à s. de **coriandre**
fraîche ciselée
½ **oignon rouge**
émincé très finement
½ **poivron rouge**
coupé en petits dés
2 c. à s. de **jus d'orange**
2 c. à s. de **vinaigre
balsamique**
le jus de 1 **citron**

Préchauffez le four à 190 °C. Enlevez les arêtes éventuelles dans les filets de poisson. Mélangez dans un petit saladier les tomates, le cumin, le piment de la Jamaïque, la cannelle, le piment vert et la coriandre.

Coupez 4 feuilles d'alu assez grandes et disposez au centre de chacune d'elles un filet de poisson. Répartissez dessus la salade de tomates.

Mélangez l'oignon et le poivron puis ajoutez-les sur les tomates. Versez dans un petit bol le jus d'orange, le vinaigre et le jus de citron ; nappez-en les filets de poisson. Fermez les papillotes et faites-les cuire 15 à 20 minutes au four.

Pour varier, utilisez du mérou ou du cabillaud pour cette recette.

filets de julienne rôtis ail romarin

Pour **4 personnes**

1 kg de **julienne**
  coupé en quatre
3 gousses d'**ail** en tranches
1 branche de **romarin**
sel et **poivre**
4 fines tranches de **poitrine**
  fumée
80 ml d'**huile d'olive**
des quartiers de **citron**

Préchauffez le four à 200 °C. Avec la pointe d'un couteau, piquez les filets de poisson en plusieurs endroits et insérez dans chaque entaille une tranche d'ail et un brin de romarin. Salez et poivrez.

Coupez les tranches de poitrine fumée en deux dans la longueur et enroulez-les autour de chaque filet de poisson.

Mettez les filets de poisson dans un plat légèrement graissé, badigeonnez-les d'huile sur le dessus puis faites-les cuire 15 minutes au four. Servez avec les quartiers de citron.

Les filets de cabillaud sont aussi excellents rôtis de cette façon.

thon à la sicilienne

Pour **4 personnes**

4 pavés de **thon**
  de 175 g chacun
80 ml d'**huile d'olive**
2 c. à s. de **jus de citron**
2 c. à s. de **basilic** frais
  ciselé
60 g d'**olives noires**
  dénoyautées
  et coupées en deux
1 c. à s. de **câpres** rincées
  et égouttées
2 filets d'**anchois**
  en saumure hachés fin
400 g de **tomates** pelées,
  épépinées et coupées
  en dés
2 c. à s. de **chapelure**
des tranches de **pain**
  de campagne

Mettez les pavés de thon côte à côte dans un grand plat. Mélangez dans un bol 2 cuillerées à soupe d'huile d'olive, le jus de citron et 1 cuillerée à soupe de basilic. Versez ce mélange sur les pavés de thon et faites-les mariner 15 minutes au réfrigérateur (retournez-les une fois). Préchauffez le four à 220 °C.

Mélangez dans un récipient les olives, les câpres, les anchois, les tomates, le reste d'huile et de basilic. Couvrez-en les pavés de thon et saupoudrez-les de chapelure. Faites cuire 20 minutes au four. Terminez la cuisson en faisant dorer le dessus sous le gril du four pour que la chapelure soit bien croustillante. Servez avec le pain de campagne.

Remplacez le thon par un autre poisson à chair ferme, de l'espadon par exemple.

dorade vapeur aux parfums d'Asie

Pour **2 personnes**

1 **dorade** de 800 g
2 blancs de **citronnelle**
1 poignée de **coriandre** fraîche
1 morceau de **gingembre**
1 gousse d'**ail** pelée
2 c. à s. de **sauce de soja**
60 ml d'**huile végétale**
1 c. à s. de **nuoc-mâm**
1 petit **piment rouge** épépiné

Videz la dorade et grattez-la pour enlever les écailles. Entaillez la peau des deux côtés en lignes parallèles. Coupez les blancs de citronnelle en trois tronçons puis écrasez chaque tronçon avec la lame d'un couteau. Déposez la moitié de la citronnelle au centre d'une grande feuille de papier alu et disposez la dorade dessus. Farcissez-la avec le reste de la citronnelle et la moitié de la coriandre.

Pelez le gingembre et détaillez-le en bâtonnets très fins. Coupez l'ail en tranches fines. Mélangez dans un récipient le gingembre, l'ail, la sauce de soja, l'huile, le nuoc-mâm et le piment émincé très finement. Nappez la dorade de cette sauce et garnissez-la avec le reste de la coriandre.

Fermez la papillote et mettez-la dans un grand panier en bambou. Faites cuire la dorade 25 minutes à la vapeur, au-dessus d'une casserole d'eau frémissante. Servez sans attendre.

Accompagnez ce poisson de riz blanc et de légumes verts sautés. Vous pouvez aussi remplacer la dorade par du vivaneau ou du bar.

saumon en papillote tomates ananas

Pour **4 personnes**

4 pavés de **saumon**
de 200 g chacun
16 **tomates cerises**
150 g d'**ananas** frais
coupé en dés
sel et **poivre**
2 c. à s. de **vinaigre**
balsamique
2 c. à s. d'**huile d'olive**
100 g de **roquette**
quelques feuilles de **basilic**
ciselées

Préchauffez le four à 180 °C. Ôtez toutes les arêtes du saumon avec une pince à épiler. Mélangez dans un récipient les tomates coupées en deux et l'ananas.

Étalez une grande feuille d'alu sur une plaque de cuisson et mettez dessus, côte à côte, les pavés de saumon. Salez et poivrez. Répartissez le mélange tomate-ananas sur le poisson. Faites de même avec le vinaigre et l'huile préalablement mélangés.

Couvrez avec une autre feuille d'alu en roulant les bords pour les fermer hermétiquement. Faites cuire 20 à 25 minutes au four, selon l'épaisseur des filets.

Garnissez de roquette les assiettes de service puis disposez à côté les filets de saumon en ramenant si besoin les tomates et les dés d'ananas sur le dessus. Nappez de jus de cuisson et saupoudrez de basilic ciselé.

Vous pouvez faire cuire ces filets dans des papillotes individuelles. Dans ce cas, il vous suffira d'ouvrir les papillotes et de les présenter sur les assiettes sans retirer la feuille d'aluminium. Vous pouvez aussi réaliser ces papillotes avec de la truite saumonnée.

crevettes piri piri

Pour **4 personnes**

1 kg de **crevettes**
  moyennes
125 ml d'**huile végétale**
2 c. à s. de **piments séchés**
  en flocons
4 gousses d'**ail** pilées
75 g de **beurre**
60 ml de **jus de citron**

Décortiquez les crevettes en gardant la queue. Mettez-les dans un récipient avec l'huile, les piments et l'ail. Remuez bien pour que les crevettes soient enrobées de sauce puis laissez-les mariner au moins 3 heures au réfrigérateur, en les retournant plusieurs fois.

Préchauffez le four en position gril. Égouttez les crevettes puis étalez-les sur la grille du four, au-dessus de la lèchefrite. Badigeonnez-les de marinade avant de les faire cuire 5 minutes environ, en les tournant une fois (surveillez la cuisson pour éviter qu'elles ne se dessèchent).

Faites fondre le beurre dans une casserole puis ajoutez le jus de citron. Répartissez les crevettes dans des bols chinois et nappez-les de beurre citronné. Servez sans attendre.

Les crevettes se dégustent avec les doigts : prévoyez des coupelles d'eau citronnée et des serviettes.

recettes
express

sole normande

Pour **4 personnes**

4 filets de **sole**
12 **huîtres** sans la coquille
12 **crevettes** moyennes
   crues
500 ml de **vin blanc sec**
12 petits **champignons
   de Paris**
250 ml de **crème fraîche**
1 **truffe** très finement
   émincée
1 c. à s. de **persil** ciselé

Portez le vin blanc à ébullition dans une poêle.
Décortiquez les crevettes. Faites pocher séparément
les huîtres, les crevettes, les champignons et le poisson
dans le vin en les réservant au chaud au fur et
à mesure. Comptez 2 à 3 minutes pour les huîtres,
3 minutes pour les crevettes, 5 minutes pour
les champignons et 5 minutes pour les soles.
Les crevettes doivent être roses et la sole cuite à cœur
et opaque.

Ajoutez la crème fraîche dans la poêle, portez
à nouveau à ébullition et laissez réduire la sauce
de moitié : elle doit être assez épaisse pour napper
le dos d'une cuillère en bois.

Présentez les filets de sole sur assiette. Répartissez
autour les crevettes, les huîtres et les champignons ;
nappez de sauce. Parsemez de truffe émincée et
de persil.

vivaneau à la chermoula

Pour **4 personnes**

1 kg de filets de **vivaneau**
quelques quartiers de **citron**

Chermoula
125 ml d'**huile d'olive**
2 gousses d'**ail** pilées
1/4 c. à c. de **poivre**
  de Cayenne
1 c. à c. de **paprika**
2 c. à c. de **cumin**
  en poudre
2 c. à s. de **jus de citron**
5 c. à s. de feuilles
  de **coriandre**
  finement ciselées

Commencez par préparer la chermoula. Mélangez l'huile d'olive avec l'ail, le poivre de Cayenne, le paprika, le cumin, le jus de citron et la coriandre. Étalez les filets de poisson dans un grand plat, la peau sur le dessous, et badigeonnez-les de toute la chermoula. Laissez mariner 1 à 2 heures au réfrigérateur, si possible une nuit entière.

Préchauffez le gril du four. Égouttez la marinade en excès sur les filets et disposez-les sur la plaque du four tapissée de papier d'aluminium. Laissez cuire 7 à 10 minutes. Ils doivent être dorés et cuits à point. Servez avec des quartiers de citron.

Vous pouvez aussi réaliser cette recette avec du bar, du mulet ou du mérou.

sole meunière

Pour **4 personnes**

4 **soles** vidées ou des filets
de sole
30 g de **farine**
200 g de **beurre** clarifié
2 c. à s. de **jus de citron**
4 c. à s. de **persil** ciselé
quelques quartiers de **citron**

Essuyez soigneusement les soles. Avec un sécateur
de cuisine, ébarbez-les en découpant la nageoire armée
de toutes petites arêtes, autour de la sole. Coupez
les têtes si vous le souhaitez. Farinez légèrement
les poissons. Faites chauffer 150 g de beurre clarifié
dans une poêle assez grande pour accueillir les quatre
soles ou faites-les cuire par deux, avec 75 g de beurre.

Laissez cuire les soles 4 minutes, la peau sur le dessus.
Quand elles sont dorées, retournez-les délicatement
et faites cuire l'autre face 4 minutes. Transférez-les
sur les assiettes chaudes, arrosez de jus de citron et
saupoudrez de persil. Faites chauffer dans la poêle
le reste du beurre clarifié. Il doit brunir sans brûler.
Versez-le sur les soles (il doit mousser au contact
du jus de citron). Servez avec des quartiers de citron
et des légumes verts cuits à la vapeur.

Le beurre clarifié peut être porté à une température
très élevée sans brûler. Faites fondre une plaquette
de beurre jusqu'à ce qu'il soit liquide. Laissez
reposer le temps que le petit-lait se fige au fond
de la casserole. Écumez la surface puis passez
le liquide jaune clair au chinois en veillant à ne pas
récupérer le petit-lait.

fritto misto de la mer

Pour **4 personnes**

250 g de petits **calamars**
12 grosses **crevettes** crues
8 petits **poulpes**
16 noix de **Saint-Jacques**
12 **sardines** fraîches vidées,
  sans les têtes
250 g de filet de **julienne**
  détaillé en gros cubes
de l'**huile végétale**
  pour la friture
quelques quartiers de **citron**

**Sauce à l'ail
  et aux anchois**
125 ml d'**huile d'olive**
2 gousses d'**ail** pilées
3 filets d'**anchois**
  finement hachés
2 c. à s. de **persil**
  finement ciselé
1 pincée d'éclats de **piment**

Pâte à beignets
210 g de **farine**
1 pincée de **sel**
80 ml d'**huile d'olive**
1 **blanc d'œuf**

Pour la sauce, faites chauffer l'huile dans une poêle. Ajoutez l'ail, les anchois, le persil et les éclats de piment et laissez revenir 1 minute à feu doux.

Pour la pâte à beignets, tamisez la farine dans un saladier et ajoutez le sel. Avec une cuillère en bois, incorporez petit à petit l'huile puis 310 ml d'eau tiède, en battant de plus en plus énergiquement. Quand la pâte est lisse et épaisse, couvrez et laissez reposer 20 minutes au réfrigérateur. Montez le blanc d'œuf en neige ferme et incorporez-le délicatement à la pâte. Faites chauffer à 190 °C une grande quantité d'huile dans une sauteuse : un cube de pain plongé dans l'huile chaude doit dorer en 10 secondes.

Décortiquez les crevettes en gardant les queues. Essuyez les fruits de mer et le poisson sur du papier absorbant. Passez-les dans la pâte, laissez le trop-plein s'égoutter puis plongez-les dans la friture, en plusieurs tournées si nécessaire. Laissez frire 2 à 3 minutes. Quand ils sont dorés et croustillants, réservez-les au chaud dans le four réglé à basse température. Saupoudrez de sel et servez accompagné de quartiers de citron et de sauce.

Cette recette peut aussi se préparer avec du poisson. Essayez du cabillaud ou du vivaneau.

sole à la vénitienne

Pour **4 personnes**

4 filets de **sole**
50 g de **farine**
5 à 6 c. à s. d'**huile d'olive**
1 c. à s. de **raisins secs**
  ou de raisins de Smyrne
1 gros **oignon** finement
  émincé
150 ml de **vinaigre de vin
rouge**
100 ml de **vin blanc sec**
1 bâton de **cannelle**
2 c. à s. de **pignons** de pin
le zeste de 1 petite **orange**
  détaillé en lamelles
4 feuilles de **laurier**

Farinez légèrement les filets. Faites chauffer
3 cuillerées à soupe d'huile dans une grande poêle
et faites dorer les filets deux par deux, en ajoutant
de l'huile si nécessaire. Égouttez-les sur du papier
absorbant et mettez-les dans un grand plat.

Mettez les raisins secs à tremper dans l'eau chaude.
Faites chauffer le reste d'huile dans la poêle et laissez
transpirer l'oignon à couvert, 20 à 25 minutes à feu très
doux, en remuant de temps en temps. Quand l'oignon
a fondu, ajoutez le vinaigre, le vin et le bâton
de cannelle ; portez à ébullition. Laissez bouillir
3 minutes et retirez la poêle du feu. Égouttez les raisins
secs et ajoutez-les à l'oignon avec les pignons de pin
et le zeste d'orange.

Versez la marinade sur le poisson et répartissez
les feuilles de laurier entre les filets. Laissez refroidir
puis couvrez et réservez 24 heures au réfrigérateur.
Servez à température ambiante.

Pour varier, réalisez cette recette avec d'autres
poissons : limande, saint-pierre, barbue, turbot.

calamars farcis

Pour 4 à 6 personnes

1 kg de corps de **calamars** lavés et essuyés
1 c. à s. d'**huile d'olive**
2 **oignons nouveaux** hachés
280 g de **riz** cuit froid
60 g de **pignons** de pin
75 g de **raisins de Corinthe**
2 c. à s. de **persil** ciselé
2 c. à c. de **zeste de citron** finement râpé
1 **œuf** légèrement battu

Sauce

4 grosses **tomates** mûres
1 c. à s. d'**huile d'olive**
1 **oignon** finement haché
1 gousse d'**ail** pilée
60 ml d'un bon **vin rouge**
1 c. à s. d'**origan** frais ciselé

Préchauffez le four à 160 °C. Pour la farce, mélangez l'huile, les oignons nouveaux, le riz, les pignons, les raisins de Corinthe, le persil et le zeste de citron dans un saladier. Ajoutez assez d'œuf battu pour mouiller ces ingrédients. Garnissez chaque calamar aux trois quarts. Fermez avec des piques en bois et disposez les calamars farcis dans une cocotte.

Pour la sauce, entaillez la base des tomates en croix et plongez-les 30 secondes dans l'eau bouillante puis dans l'eau froide. Pelez-les en partant de l'entaille et hachez grossièrement la pulpe. Faites chauffer l'huile dans une poêle et faites fondre l'ail et l'oignon 2 minutes à feu doux. Ajoutez alors les tomates, le vin et l'origan. Portez à ébullition puis réduisez le feu, couvrez et laissez cuire 10 minutes à feu doux.

Versez la sauce bien chaude sur les calamars et enfournez 20 minutes. Retirez les piques en bois avant de découper les calamars en tranches épaisses.

crabes très épicés

Pour **4 personnes**

2 petits **crabes** vivants
   de 500 g
125 ml d'**huile végétale**
2 gousses d'**ail**
   émincées très finement
2 c. à c. de **gingembre** frais
   finement râpé
¼ c. à c. de **cumin**
   en poudre
¼ c. à c. de **coriandre**
   en poudre
¼ c. à c. de **curcuma**
   en poudre
¼ c. à c. de **poivre**
   de Cayenne
¼ c. à s. de **purée**
   de tamarin
1 c. à c. de **sucre**
   en poudre
2 petits **piments rouges**
   finement hachés
2 c. à s. de feuilles
   de **coriandre** ciselées

Laissez les crabes 1 heure au congélateur pour les endormir puis plongez-les 2 minutes dans l'eau bouillante. Coupez-les en deux avec un fendoir ou avec un gros couteau de cuisine et enlevez les branchies. Séparez les pinces de la carapace. Retournez les crabes, détachez les plaques de l'abdomen et jetez-les. Passez les crabes sous l'eau froide et essuyez-les soigneusement.

Mélangez la moitié de l'huile, l'ail, le gingembre, le cumin, la coriandre, le curcuma, le poivre de Cayenne, le tamarin, le sucre et le piment. Versez le reste de l'huile dans une grande sauteuse et faites cuire ce mélange aux épices 30 secondes dans l'huile bien chaude.

Ajoutez les crabes et laissez cuire 2 minutes en remuant. Mouillez avec 2 cuillerées à soupe d'eau, couvrez et laissez cuire à l'étouffée 5 à 6 minutes. La carapace doit être bien rouge et la chair opaque. Présentez les crabes sur assiettes. Agrémentez de feuilles de coriandre.

Les grosses crevettes se marieront aussi bien avec ces épices.

rougets à l'italienne

Pour **4 personnes**

4 **rougets** de 200 g
vidés et nettoyés
350 g d'**aubergines**
en morceaux
80 g de **pignons** de pin
grillés
100 g de **mâche**
2 c. à s. de **menthe**
grossièrement ciselée
1 c. à s. de **vinaigre de vin
rouge**
16 petites **olives noires**
dénoyautées

Marinade
1 pincée de filaments
de **safran**
125 ml d'**huile d'olive**
2 c. à s. de **jus de citron**
1 c. à s. de **mélasse
de grenade** (facultatif)
1 petit **oignon** râpé
1 belle gousse d'**ail** pilée
1 c. à s. d'**origan** séché
1 pincée de **piment** séché
pilé
1 c. à c. de graines
de **nigelle** ou ½ c. à c.
de **poivre noir** concassé
1 c. à c. de graines
de **coriandre** concassées
1 c. à c. de graines
de **cumin**

Disposez les rougets dans un grand plat. Faites
tremper les filaments de safran 10 minutes dans
1 cuillerée à soupe d'eau chaude. Préparez la marinade
en mélangeant tous les ingrédients, ajoutez l'eau
safranée et versez le tout sur les rougets. Couvrez
et laissez mariner 2 heures au réfrigérateur.

Transférez les rougets dans un grand plat allant au
four et répartissez les aubergines autour. Badigeonnez
les aubergines et le poisson de la marinade récupérée
et enfournez 20 minutes sous le gril chaud.

Pendant la cuisson du poisson, mélangez les
pignons de pin, la laitue et la menthe dans un saladier.
Mélangez le reste d'huile et le vinaigre. Assaisonnez
la salade de cette sauce et disposez-la dans
les assiettes. Répartissez les olives et les aubergines
sur la salade et présentez les rougets dessus, arrosés
d'un filet des jus de cuisson.

La mélasse de grenade (en vente dans les épiceries
fines ou les magasins exotiques) est un sirop à la
saveur aigre-douce. À défaut, utilisez de la mélasse
courante ou du sucre brun.

calamars frits aux poivrons

Pour **4 personnes**

400 g de corps
  de **calamars**
60 ml d'**huile végétale**
2 c. à s. de **haricots noirs**
  salés fermentés réduits
  en purée
1 petit **oignon** coupé
  en petits cubes
1 petit **poivron vert**
  coupé en petits cubes
3 à 4 tranches
  de **gingembre** frais
1 **oignon nouveau**
  coupé en petits tronçons
1 petit **piment rouge** haché
1 c. à s. de **vinaigre de vin
  de riz**
1/2 c. à c. d'**huile
  de sésame**

Ouvrez les calamars, incisez de petits losanges avec la pointe d'un couteau, en veillant à ne pas transpercer la chair. Découpez les calamars en morceaux d'environ 3 x 5 cm.

Faites blanchir les calamars 25 à 30 secondes dans l'eau bouillante. Passez-les sous l'eau froide, égouttez-les et essuyez-les soigneusement.

Dans un wok très chaud, portez l'huile à température élevée. Faites revenir 1 minute les haricots noirs, l'oignon, le poivron vert, le gingembre, l'oignon nouveau et le piment. Ajoutez les calamars et le vinaigre ; remuez 1 minute en mélangeant bien. Arrosez d'huile de sésame. C'est prêt.

saumon teriyaki aux nouilles soba

Pour **4 personnes**

4 darnes de **saumon**
  de 150 g
12 **champignons shiitake**
  déshydratés
1 c. à c. de granulés
  de **dashi** (bouillon)
60 ml de **sauce de soja**
  japonaise
2 c. à s. de **mirin**
  (vin de riz doux)
½ c. à c. de **sucre**
  en poudre
60 ml de **sauce teriyaki**
1 c. à s. de **miel**
1 c. à c. d'**huile de sésame**
250 g de **nouilles soba**
1 c. à s. d'**huile végétale**
2 **oignons nouveaux**
  émincés

Mettez les champignons à tremper 10 minutes dans l'eau bouillante. Sortez les champignons et versez l'eau de trempage dans une casserole, avec les granulés de dashi, la sauce de soja, le mirin et le sucre en poudre. Portez à ébullition puis laissez frémir ce bouillon 5 minutes.

Mettez le saumon, les champignons, la sauce teriyaki, le miel et l'huile de sésame dans un plat creux ; laissez mariner 15 minutes.

Faites cuire les nouilles 3 à 4 minutes dans un grand volume d'eau bouillante et égouttez.

Mettez l'huile à chauffer sur un gril en fonte bien chaud et faites revenir le saumon et les champignons à feu vif, 3 minutes de chaque côté. Arrosez de marinade en cours de cuisson.

Répartissez les nouilles dans des bols, mouillez avec le bouillon chaud, puis disposez le saumon et les champignons sur les nouilles. Parsemez d'oignons nouveaux.

Cette recette peut se préparer avec du maquereau.

poisson vapeur à la cantonaise

Pour **4 personnes**

1 **bar** de 1 kg écaillé et vidé
2 c. à s. de **vin de riz**
2 c. à s. de **sauce de soja**
1 c. à c. d'**huile de sésame**
4 c. à s. de **gingembre** frais
  finement haché
2 c. à s. d'**huile végétale**
30 g d'**oignon nouveau**
  finement émincé

Mettez le poisson dans un grand plat. Versez dessus le vin de riz, la sauce de soja, l'huile de sésame et 1 cuillerée à soupe de gingembre haché. Remuez pour bien enrober le poisson de cette marinade. Couvrez d'un film plastique et laissez mariner 10 minutes au réfrigérateur.

Disposez le poisson dans un plat résistant à la chaleur et mettez ce dernier dans un panier vapeur. Laissez cuire 5 à 8 minutes à couvert au-dessus de l'eau frémissante. On doit sentir la chair s'émietter quand on presse la peau. Retirez le plat du panier vapeur.

Faites chauffer l'huile dans un wok très chaud. Répartissez l'oignon nouveau et le reste du gingembre mariné sur le poisson. Quand l'huile fume, versez-la dessus, ce qui va cuire la garniture et donner une peau croustillante. Servez avec du riz et des légumes variés.

Remplacez le bar par de la dorade.

Saint-Jacques aux haricots noirs

Pour **4 personnes**

24 noix de **Saint-Jacques**
2 c. à s. d'**huile végétale**
1 c. à s. de **sauce de soja**
2 c. à s. de **vin de riz**
1 c. à c. de **sucre en poudre**
1 gousse d'**ail**
finement hachée
1 **oignon nouveau**
finement haché
½ c. à c. de **gingembre**
frais râpé
1 c. à s. de **haricots noirs**
salés et fermentés, rincés
et égouttés
1 c. à c. d'**huile de sésame**

Commencez par préparer les noix de Saint-Jacques. Dans un wok, portez 1 cuillerée à soupe d'huile à température élevée, faites revenir les noix 2 minutes et réservez-les sur une assiette.

Dans une tasse, mélangez la sauce de soja, le vin de riz et le sucre avec 1 cuillerée à soupe d'eau ; réservez.

Ajoutez le reste d'huile dans le wok. Quand elle fume, saisissez l'ail, l'oignon et le gingembre 30 secondes. Incorporez les haricots noirs et le mélange au soja puis portez à ébullition. Remettez les noix de Saint-Jacques dans la sauce avec l'huile de sésame et laissez frémir 30 secondes. Servez sans attendre avec du riz à la vapeur et des légumes verts chinois.

Les haricots noirs fermentés (il s'agit en fait de pousses de soja) sont un des ingrédients typiques de la cuisine du sud de la Chine (en vente dans les épiceries asiatiques).

Pour varier, préparez cette recette avec des crevettes, de la langouste, du homard, ou encore avec des petits calamars.

dorade au piment et au concombre

Pour **2 personnes**

1 **dorade** vidée et écaillée
60 ml d'**huile végétale**
4 **échalotes** émincées
1 gousse d'**ail**
  finement hachée
1 c. à c. de **gingembre** frais
  râpé
3 petits **piments rouges**
  épépinés et finement
  hachés
2 c. à s. de **sucre brun**
1 c. à s. de **purée**
  de tamarin
le zeste et le jus
  de 1 **citron vert**
2 c. à s. de **nuoc-mâm**
1 **mini-concombre** pelé
  et détaillé en bâtonnets
de l'**huile végétale**
  pour la friture
1 c. à s. de feuilles
  de **coriandre** ciselée

Entaillez le poisson sur chaque face en dessinant des losanges.

Faites chauffer l'huile dans un wok ou une sauteuse. Quand elle commence à fumer, faites fondre les échalotes 2 minutes. Ajoutez l'ail, le gingembre et le piment et laissez dorer 1 minute. Mélangez le sucre, le tamarin, le jus de citron vert et le nuoc-mâm et versez cette sauce dans la sauteuse. Laissez bouillonner 30 secondes. Quand la sauce commence à épaissir, incorporez le concombre et retirez la sauteuse du feu. Transférez la sauce dans une petite casserole et réservez.

Nettoyez le wok ou la sauteuse et remplissez-le d'une grande quantité d'huile. Plongez délicatement la dorade dans l'huile très chaude et laissez frire 4 à 5 minutes. Attention, la peau ne doit pas coller au wok. Retournez-la une fois en cours de cuisson. Pendant ce temps, réchauffez la sauce. Égouttez la dorade sur du papier absorbant. Nappez-la de sauce, parsemez de zeste de citron et de coriandre et servez sans attendre.

Remplacez la dorade par du vivaneau ou du bar.

beignets de homard

Pour **6 personnes**

450 g de chair de **homard**
   coupée en morceaux
60 ml de **vin de riz**
3 c. à c. de **gingembre** frais
   finement haché
12 **blancs d'œufs**
750 ml d'**huile végétale**
125 ml de **bouillon**
   de volaille
¼ c. à c. de **poivre blanc**
1 c. à c. d'**huile de sésame**
1 c. à c. de **farine de maïs**
3 c. à s. de blanc d'**oignon
   nouveau** finement haché
2 c. à s. de vert d'**oignon
   nouveau** finement haché

Mettez la chair de homard dans un saladier avec 1 cuillerée à soupe de vin de riz et 1 cuillerée à café de gingembre. Battez les blancs en neige ferme au fouet électrique. Incorporez le homard.

Faites chauffer 375 ml d'huile dans un wok très chaud. Faites frire de pleines cuillerées de préparation au homard dans le wok, en plusieurs fois, en veillant à ne pas la « casser ». Sortez les portions au fur et à mesure que la pâte est saisie et égouttez-les soigneusement. Réservez 2 cuillerées à soupe d'huile dans le wok et jetez le reste.

Faites chauffer à nouveau l'huile dans le wok. Quand elle est bien chaude, saisissez le blanc et le vert des oignons nouveaux avec le reste du gingembre 10 secondes à feu vif. Mélangez le bouillon, le poivre blanc, l'huile de sésame, la farine de maïs et le reste de vin de riz. Versez ce mélange sur les oignons et faites cuire jusqu'à épaississement, en remuant constamment pour éviter les grumeaux. Ajoutez les beignets de homard et enrobez-les délicatement de sauce.

saumon poché

Pour **8 à 10 personnes**

1 **saumon** de l'Atlantique
de 2,5 kg, vidé et écaillé
3,75 l de **court-bouillon**
(voir p. 13)
½ concombre pelé
quelques quartiers de **citron**
de la **mayonnaise**

Couchez le poisson dans une poissonnière, versez le court-bouillon et couvrez. Portez à ébullition puis réduisez le feu et laissez pocher 15 minutes. L'arête dorsale doit se détacher facilement. Vous pouvez aussi mettre le poisson dans un grand plat et le faire cuire 25 minutes au four à 180° C. Laissez le saumon refroidir dans son jus.

Égouttez le poisson et déposez-le sur un plan de travail. Retirez la peau en gardant la tête et la queue. Retournez le poisson et pelez l'autre face. Levez les filets en suivant l'arête centrale et en essayant de les garder entiers. Coupez la tête et la queue et retirez délicatement l'arête centrale puis reconstituez le saumon en remettant les deux filets supérieurs en place. Émincez le concombre et coupez les tranches en deux pour en décorer le saumon et cacher les découpes. Servez accompagné de quartiers de citron et de mayonnaise.

La truite de mer est aussi délicieuse poché de cette façon.

nigiri sushi

Pour **4 personnes**

2 x 100 g de **thon** extra-frais
300 g de **riz à sushis**
  (ou de riz rond)
60 ml de **vinaigre de riz**
2 c. à c. de **sucre**
  en poudre
du **wasabi**
de la **sauce de soja**
  japonaise
du **gingembre** mariné
  au vinaigre

Détaillez le thon en rectangles de 3 cm sur 5 et de 5 mm d'épaisseur. Rincez le riz sous l'eau froide et mettez-le dans une casserole avec 250 ml d'eau froide. Couvrez et portez à ébullition puis baissez le feu et laissez frémir 10 minutes.

Mélangez 2 cuillerées à soupe de vinaigre avec le sucre. Quand le riz est cuit, retirez la casserole du feu et laissez reposer 10 minutes à couvert. Transférez-le dans un saladier. Ajoutez le reste du vinaigre de riz en filet, en retournant le riz au fur et à mesure avec une cuillère en bois. Retournez le riz jusqu'à ce qu'il soit froid. Couvrez d'un torchon humide et réservez sans réfrigérer.

Pour préparer les sushis (faites-le au dernier moment), versez 60 ml d'eau dans un bol ; servez-vous de cette eau pour humecter vos mains (cela évitera que le riz colle aux doigts). Prenez la valeur de 1 cuillerée à soupe de riz dans le creux de votre paume et moulez-le en un petit pavé (il vous en faudra 16). Tracez au centre de chaque pavé une fine ligne de wasabi puis déposez dessus un morceau de thon. Servez les sushis avec la sauce de soja, le gingembre mariné au vinaigre et un peu de wasabi.

Ces sushi se préparent aussi avec du saumon ou de la dorade.

saumon au nori et nouilles japonaises

Pour 4 personnes

4 darnes de **saumon**
 découpées dans la partie
 centrale du saumon
1 feuille de **nori**
 (algue séchée)
2 c. à c. d'**huile végétale**
250 g de **nouilles somen**
2 **oignons nouveaux**
 émincés en julienne

Sauce
½ c. à c. de **wasabi**
2 c. à s. de **vinaigre de riz**
2 c. à s. de **mirin**
 (vin de riz doux)
1 c. à s. de **jus de citron
 vert**
2 c. à c. de **sucre brun**
1 c. à s. d'**huile végétale**
2 c. à c. de **sauce de soja**
2 c. à c. de graines
 de **sésame noir**

Débarrassez le saumon de sa peau et des arêtes, en laissant les darnes en un seul morceau. Coupez la feuille de nori en bandes de l'épaisseur des darnes et entourez-en chaque darne. Scellez la bande avec un peu d'eau.

Faites chauffer l'huile dans une poêle et faites revenir le saumon 2 à 3 minutes sur chaque face. Il doit être légèrement rosé au centre.

Profitez de la cuisson du poisson pour préparer les nouilles et la sauce. Laissez gonfler les nouilles 5 minutes dans un grand saladier d'eau bouillante puis égouttez-les soigneusement. Mettez tous les ingrédients de la sauce dans un bocal et secouez énergiquement.

Servez le saumon sur un lit de nouilles. Nappez les darnes de sauce, couvrez et agrémentez de graines de sésame.

Vous trouverez la plupart des ingrédients
e cette recette japonaise dans les épiceries asiatiques. Vous pouvez aussi remplacer le saumon par de la truite de mer.

homard thermidor

Pour **2 personnes**

1 **homard** cuit
85 g de **beurre**
4 **oignons nouveaux**
    finement hachés
2 c. à s. de **farine**
½ c. à c. de **paprika**
2 c. à s. de **vin blanc**
    ou de xérès
250 ml de **lait**
60 ml de **crème fraîche**
1 c. à s. de **persil** ciselé
65 g de **gruyère** râpé
quelques quartiers de **citron**

Avec un couteau pointu, découpez le homard en deux dans la longueur. Sortez la chair de la queue et du corps. Jetez la nervure couleur crème et la substance visqueuse. Découpez la chair en tronçons de 2 cm, couvrez et réservez au réfrigérateur. Lavez la tête et les carapaces, égouttez-les et essuyez-les soigneusement.

Faites fondre 60 g de beurre à la poêle et saisissez l'oignon nouveau 2 minutes. Incorporez la farine et le paprika. Laissez cuire 1 minute. Retirez la poêle du feu et incorporez le lait et le vin petit à petit. Remettez sur le feu et laissez épaissir sans cesser de remuer. Baissez le feu et laissez frémir 1 minute. Incorporez la crème fraîche, le persil et la chair du homard. Réchauffer à feu doux, sans cesser de remuer.

Répartissez cette préparation dans les carapaces, saupoudrez de gruyère râpé et d'une noix de beurre. Passez 2 minutes sous le gril. Servez avec une salade verte et quelques quartiers de citron.

bisque de crabe

Pour **4 personnes**

1 kg de **crabes** vivants
50 g de **beurre**
½ **carotte** finement hachée
½ **oignon** finement haché
1 branche de **céleri**
    finement hachée
2 c. à s. de **purée**
    de tomate
2 c. à s. de **brandy**
150 ml de **vin blanc sec**
1 l de **bouillon** de poisson
60 g de **riz**
60 ml de **crème fraîche**
    épaisse
¼ c. à c. de **poivre**
    de Cayenne

Faites blanchir les crabes 2 minutes dans de l'eau bouillante puis séparez les pinces et les corps. Faites chauffer le beurre dans une grande casserole et faites-y revenir la carotte, l'oignon et le céleri 3 minutes à feu moyen, sans les laisser brunir. Ajoutez les pinces et les corps des crabes ; laissez cuire 5 minutes. Incorporez la purée de tomate, le brandy et le vin puis laissez frémir 2 minutes. Le mélange doit réduire de moitié.

Versez le bouillon de poisson et 500 ml d'eau dans la casserole et portez à ébullition. Baissez le feu et laissez frémir 10 minutes. Sortez les pinces de la casserole avant de mixer grossièrement la soupe.

Ajoutez le riz et portez à ébullition. Couvrez et laissez mijoter 20 minutes.

Passez la bisque de crabe dans un chinois tapissé d'une mousseline humide. Incorporez la crème, relevez de poivre de Cayenne et réchauffez à feu doux. Versez la bisque dans des assiettes chaudes, décorez de pinces de crabes et servez.

plats
uniques

spaghetti alle vongole

Pour **4 personnes**

1 kg de **palourdes**
2 c. à s. d'**huile d'olive**
3 gousses d'**ail** pilées
2 pincées d'éclats
  de **piment**
125 ml de **vin blanc sec**
400 g de **tomates**
  concassées en boîte
3 c. à s. de **persil** plat
  finement ciselé
400 g de **spaghettis**
  ou de linguine
½ c. à c. de **zeste de citron**
  râpé
quelques quartiers de **citron**

Dans une grande poêle, faites revenir l'ail et le piment dans l'huile chaude, 30 secondes à feu doux. Ajoutez le vin blanc, les tomates concassées et 1 cuillerée à café de persil. Augmentez le feu et laissez bouillonner 8 à 10 minutes, en remuant de temps en temps. La sauce doit réduire de moitié.

Ajoutez les palourdes à la sauce, couvrez et laissez cuire 3 à 5 minutes en secouant régulièrement la poêle. Sortez les palourdes quand elles sont ouvertes et jetez toutes celles restées fermées. Incorporez le reste de persil à la sauce puis portez à ébullition 3 à 4 minutes, jusqu'à épaississement. Réservez la moitié des palourdes avec leur coquille et sortez les autres de la coquille.

Faites cuire les pâtes dans un grand volume d'eau bouillante. Égouttez-les et nappez-les de la sauce. Ajoutez le zeste de citron et les palourdes avec ou sans coquille ; mélangez bien le tout. Servez accompagné de quartiers de citron.

fusilli persillés au thon et aux câpres

Pour **4 personnes**

425 g de **thon** au naturel
  égoutté
2 c. à s. d'**huile d'olive**
2 gousses d'**ail**
  finement hachées
2 petits **piments rouges**
  finement hachés
3 c. à s. de **câpres**
  rincées et égouttées
30 g de **persil** ciselé
60 ml de **jus de citron**
375 g de **fusilli**
  ou de pâtes courtes
125 ml de **bouillon**
  de volaille chaud

Dans un saladier, émiettez grossièrement le thon à la fourchette. Mélangez l'huile, l'ail, le piment, les câpres, le persil et le jus de citron dans un bol. Versez ce mélange sur le thon et remuez délicatement.

Pendant ce temps, faites cuire les pâtes dans un gros volume d'eau bouillante salée et égouttez-les. Incorporez la préparation au thon dans les pâtes, en mouillant avec du bouillon chaud si nécessaire.

jambalaya

Pour **6 personnes**

1 kg de **gambas**
2 petits **oignons** hachés
2 branches de **céleri** très
finement émincées
250 ml de **vin blanc sec**
60 ml d'**huile végétale**
200 g de **chorizo** haché
1 **poivron rouge**
très finement émincé
400 g de **tomates**
concassées en boîte
½ c. à c. de **poivre
de Cayenne**
¼ c. à c. de **thym** séché
¼ c. à c. d'**origan** séché
400 g de **riz long grain**

Décortiquez les gambas. Mettez les têtes,
les carapaces et les queues dans une casserole avec
la moitié de l'oignon, la moitié du céleri, le vin et 1 litre
d'eau. Portez à ébullition puis baissez le feu et laissez
frémir 20 minutes. Passez ce mélange au chinois et
réservez le bouillon.

Dans une sauteuse, faites dorer le chorizo 5 minutes.
Sortez les morceaux avec une écumoire et réservez.

Ajoutez le poivron et le reste d'oignon et de céleri
dans la sauteuse ; laissez cuire 5 minutes en remuant
de temps en temps. Incorporez les tomates, le poivre
de Cayenne, le thym et l'origan. Portez à ébullition et
laissez frémir 10 minutes à couvert. Remettez le chorizo
dans la sauteuse. Ajoutez le riz et le bouillon. Portez
à nouveau à ébullition, baissez le feu et laissez mijoter
25 minutes à couvert. Quand le liquide est presque
totalement absorbé et le riz bien tendre, ajoutez les
gambas, couvrez et poursuivez la cuisson 5 minutes.

tagliatelle aux crevettes

Pour **4 personnes**

500 g de **crevettes**
  moyennes
500 g de **tagliatelle**
  fraîches ou de pâtes
  longues et plates
60 g de **beurre**
6 **oignons nouveaux**
  finement hachés
60 ml de **brandy**
310 ml de **crème fraîche**
  épaisse
1 c. à s. de **thym** ciselé
15 g de **persil** plat ciselé

Faites cuire les pâtes dans un grand volume d'eau bouillante et égouttez-les soigneusement.

Pendant la cuisson des pâtes, décortiquez les crevettes en gardant les queues. Faites fondre le beurre dans une sauteuse et laissez revenir l'oignon 2 minutes, en remuant. Toujours en remuant, ajoutez les crevettes et poursuivez la cuisson 2 minutes. Sortez les crevettes dès qu'elles changent de couleur et réservez-les.

Versez le brandy et laissez bouillir 2 minutes. Quand il a réduit de moitié, incorporez la crème fraîche, le thym et la moitié du persil. Assaisonnez généreusement de poivre noir du moulin. Laissez mijoter 5 minutes. Quand cette sauce commence à épaissir, faites-y réchauffer les crevettes 2 minutes.

Nappez les pâtes de la sauce. Si elle est trop épaisse à votre goût, allongez-la d'un peu d'eau chaude ou de lait. Servez les tagliatelle agrémentées du reste de persil.

crabes aux nouilles de riz

Pour **4 personnes**

6 **crabes** vivants
   de 350 g environ
150 g de **nouilles de riz**
   sèches
5 à 6 c. à s. d'**huile
   végétale**
2 **échalotes**
   finement émincées
1 gousse d'**ail**
   finement hachée
2 petits **piments rouges**
   finement hachés
175 g de **germes de soja**
175 g de **rôti de porc** cuit
   coupé en petits morceaux
60 ml de **sauce de soja
   claire**
2 c. à s. de **sauce d'huîtres**
2 c. à s. de feuilles
   de **coriandre** ciselée

Laissez les crabes 1 heure au congélateur pour les endormir. Plongez-les 2 minutes dans l'eau bouillante puis égouttez-les et brossez-les énergiquement. Soulevez la plaque de l'abdomen et séparez la carapace du corps. Retirez les branchies et détachez les pinces. Avec un gros couteau de cuisine ou un fendoir, coupez les crabes en deux puis cassez les pinces avec un casse-noix ou le dos d'un gros couteau. Laissez gonfler les nouilles 10 minutes dans l'eau bouillante et égouttez-les.

Faites chauffer 2 cuillerées d'huile à feu vif dans un wok. Quand elle fume, ajoutez les crabes et remuez 1 minute. Passez sur feu moyen et couvrez. Laissez cuire 6 minutes. Quand les crabes sont rouge vif, retirez la poêle du feu et laissez refroidir avant d'extraire la chair des pinces et de la carapace.

Versez le reste d'huile dans le wok et faites revenir les échalotes, l'ail et le piment 5 minutes. Ajoutez le soja et le porc, poursuivez la cuisson 2 minutes puis incorporez la sauce de soja, la sauce d'huîtres, les nouilles, le crabe et la coriandre. Laissez réchauffer le tout quelques minutes. C'est prêt.

raviolis aux crevettes et beurre basilic

Pour **8 personnes**

500 g de **crevettes** roses
1 c. à s. de **ciboulette**
  ciselée
1 **blanc d'œuf**
  légèrement battu
330 ml de **crème fraîche**
200 g de **wontons** (feuilles
  de pâte à raviolis chinois)
1 **œuf** légèrement battu

Beurre de basilic
125 g de **beurre**
1 gousse d'**ail** pilée
3 c. à s. de **basilic**
  très finement ciselé
40 g de **pignons** de pin

Décortiquez les crevettes. Mixez-les avec la ciboulette et le blanc d'œuf jusqu'à obtention d'un mélange homogène. Ajoutez la crème puis mixez par brèves impulsions pour qu'elle ne tourne pas. Transférez le tout dans un saladier, couvrez et laissez refroidir 30 minutes au réfrigérateur.

Déposez 2 à 3 cuillerées à café de la farce au centre de chaque wonton. Badigeonnez les bords d'œuf battu et repliez en formant un demi-cercle. Scellez les raviolis en pressant les bords et plongez-les 4 minutes dans l'eau bouillante, en procédant en plusieurs tournées. Égouttez-les délicatement et présentez-les dans des assiettes chaudes.

Pour le beurre de basilic, faites fondre le beurre à feu doux dans une casserole, ajoutez l'ail et remuez jusqu'à ce qu'il embaume. Incorporez alors le basilic, les pignons de pin et quelques pincées de poivre noir du moulin. Quand le beurre prend une belle couleur noisette, nappez-en les raviolis et servez sans attendre.

On trouve des wontons dans les épiceries asiatiques. Il s'agit de petites crêpes rondes et fines à base de farine de blé et d'eau.

spaghetti marinara

Pour **4 personnes**

125 g de corps
   de **calamars** coupés
   en anneaux
125 g de filet de **cabillaud**
   en petits morceaux
200 g de **crevettes** roses
200 g de **palourdes**
   en conserve égouttées
60 ml de **vin blanc**
60 ml de **bouillon**
   de poisson
1 gousse d'**ail** pilée
12 **moules**
375 g de **spaghettis**
30 g de **beurre**
10 g de **persil** plat ciselé

Sauce tomate
2 c. à s. d'**huile d'olive**
1 **oignon** finement haché
1 **carotte** finement hachée
2 gousses d'**ail** pilées
400 g de **tomates**
   concassées en boîte
125 ml de **vin blanc**
1 c. à c. de **sucre**
   en poudre

Pour la sauce tomate, faites chauffer l'huile dans une poêle et faites dorer l'oignon et la carotte 10 minutes à feu moyen. Ajoutez l'ail, les tomates, le vin et le sucre. Portez à ébullition puis réduisez le feu et laissez mijoter 30 minutes en remuant de temps en temps.

Faites chauffer le vin blanc, le bouillon de poisson et l'ail. Ajoutez les moules. Couvrez et laissez cuire 5 minutes à feu vif en secouant régulièrement. Au bout de 3 minutes, commencez à sortir les moules ouvertes. Après 5 minutes, jetez toutes celles restées fermées. Réservez le jus de cuisson.

Faites cuire les spaghettis dans un grand volume d'eau bouillante salée. Égouttez et réservez au chaud.

Pendant ce temps, décortiquez les crevettes. Faites fondre le beurre à la poêle et faites sauter les calamars, le cabillaud et les crevettes 2 minutes, en procédant en plusieurs tournées. Retirez les fruits de mer et le poisson du feu quand ils sont juste cuits ; réchauffez la sauce tomate avec le jus de cuisson réservé, les moules et les palourdes. Versez ce mélange sur les pâtes, ajoutez les fruits de mer et le poisson, parsemez de persil et servez immédiatement.

Pour varier, préparez cette recette avec du haddock, de la lotte ou du carrelet.

riz frit

Pour **4 personnes**

2 **œufs** légèrement battus
2 c. à s. d'**huile végétale**
1 **oignon** coupé en quartiers
250 g de **jambon blanc**
   détaillé en fines lamelles
740 g de **riz long** cuit
40 g de **petits pois** surgelés
2 c. à s. de **sauce de soja**
4 **oignons nouveaux**
   coupés en biseau
250 g de petites **crevettes**
   roses décortiquées

Faites chauffer 1 cuillerée à soupe d'huile dans un wok ou une grande poêle et versez les œufs en les ramenant vers le centre et en inclinant la poêle pour qu'ils ne prennent pas sur les bords. Quand l'omelette commence à prendre, découpez-la grossièrement en morceaux et réservez.

Faites chauffer le reste d'huile dans le wok en l'inclinant pour en tapisser le fond et les bords puis faites sauter l'oignon à feu vif jusqu'à ce qu'il soit opaque. Ajoutez le jambon et laissez cuire 1 minute. Incorporez le riz et les petits pois, et poursuivez la cuisson 3 minutes. Ajoutez alors l'omelette, la sauce de soja, les oignons nouveaux et les crevettes ; remuez jusqu'à ce que le tout soit bien chaud. Servez sans attendre.

Faites cuire 275 g de riz la veille. Couvrez-le et laissez-le au réfrigérateur jusqu'au moment de l'accommoder.

paella à la mexicaine

Pour **4 personnes**

16 grosses **crevettes** crues
250 g de filet de **vivaneau**
  coupé en petits morceaux
1 gousse d'**ail** pilée
1 petit **oignon** en quartiers
2 **tomates** fermes
1 petit **poivron rouge**
  en quartiers
60 ml d'**huile d'olive**
50 g de **lard** haché
265 g de **riz blanc**
  long grain
600 ml de **bouillon**
  de poisson chaud
  ou d'eau chaude
2 **piments poblano** frais ou
  en boîte finement émincés
2 c. à s. de feuilles
  de **coriandre** ciselées
1 **citron vert**
  coupé en quatre

Dans une poêle antiadhésive à fond épais,
faites sauter l'ail, l'oignon, les tomates et le poivron
45 minutes à feu moyen, en remuant souvent pour
que les légumes dorent de toutes parts sans attacher.
Laissez tiédir puis épluchez les tomates et les poivrons.
Mixez-les avec l'ail et l'oignon.

Faites chauffer une poêle ou une sauteuse et laissez
revenir le lard. Quand il croustille, ajoutez le riz et
remuez vivement 1 minute sur le feu pour que
les grains s'enrobent de matière grasse.

Incorporez la purée de tomate-poivron et poursuivez
la cuisson 3 minutes. Versez le bouillon, portez à
ébullition en remuant une fois puis couvrez. Réduisez
le feu et laissez cuire à feu doux 15 minutes. Ajoutez
alors le piment, le poisson et les crevettes décortiquées ;
laissez cuire encore 5 minutes. Mouillez le riz avec
un peu d'eau chaude s'il est trop sec. Saupoudrez
de coriandre et servez avec les quartiers de citron.

Vous pouvez remplacer le vivaneau par du brochet
de mer ou par du cabillaud.

risotto aux crevettes et au safran

Pour **4 personnes**

500 g de **crevettes**
  moyennes crues
1 pincée de filaments
  de **safran**
60 ml d'**huile d'olive**
2 gousses d'**ail** pilées
3 c. à s. de **persil** ciselé
60 ml de **xérès sec**
60 ml de **vin blanc**
1,5 l de **bouillon**
  de poisson
1 **oignon** haché
440 g de **riz à risotto**
  (arborio, vialone nano
  ou carnaroli)

Mettez les filaments de safran à tremper dans 60 ml d'eau chaude.

Décortiquez les crevettes en gardant les queues. Faites chauffer la moitié de l'huile dans une casserole. Ajoutez l'ail, le persil et les crevettes puis laissez cuire 2 minutes avant de verser le xérès, le vin blanc et l'eau safranée. Sortez les crevettes avec une écumoire, réservez-les et laissez mijoter la sauce. Quand celle-ci a réduit de moitié, incorporez le bouillon de poisson et 250 ml d'eau, couvrez et laissez frémir. Le mélange ne doit pas bouillir.

Dans une sauteuse, faites revenir l'oignon 3 minutes dans l'huile qui reste. Quand il est doré, ajoutez le riz et poursuivez la cuisson 3 minutes à feu moyen, tout en remuant.

Versez le bouillon chaud en plusieurs fois sur le riz, sans cesser de remuer jusqu'à ce que tout le liquide ait été absorbé. Comptez 25 à 30 minutes pour la préparation du risotto, qui doit être tendre et crémeux. Faites réchauffer les crevettes dans le riz et servez.

pâtes au saumon fumé

Pour **4 personnes**

200 g de **saumon** fumé
  coupé en lamelles
1 c. à s. d'**huile d'olive**
1 gousse d'**ail** pilée
375 ml de **crème fraîche**
3 c. à s. de **ciboulette**
  ciselée
¼ de c. à c. de **moutarde**
  en poudre
2 c. à c. de **jus de citron**
500 g de **fettucine** ou
  de pâtes longues et plates
3 c. à s. de **tomates**
  séchées hachées
2 c. à s. de **parmesan** râpé

Faites chauffer l'huile dans une poêle et faites revenir l'ail rapidement à feu doux sans le laisser roussir. Ajoutez la crème, la ciboulette et la moutarde en poudre puis portez à ébullition. Réduisez alors le feu et laissez mijoter en remuant fréquemment jusqu'à épaississement de la sauce. Incorporez les lamelles de saumon et le jus de citron ; laissez chauffer quelques minutes en remuant.

Pendant ce temps, faites cuire les fettucine dans une grande casserole d'eau bouillante. Égouttez-les soigneusement et remettez-les dans la casserole. Mélangez la sauce aux pâtes. Servez ce plat agrémenté de tomates séchées et de parmesan râpé.

Ces pâtes sont aussi bonnes avec de la truite fumée à la place du saumon.

salade de nouilles aux crevettes

Pour **4 personnes**

500 g de **crevettes** roses
cuites
250 g de **nouilles sèches**
aux œufs
5 **oignons nouveaux**
émincés en biseau
2 c. à s. de feuilles
de **coriandre** ciselées
1 **poivron rouge**
coupé en dés
100 g de **pois gourmands**
coupés en deux
quelques quartiers
de **citron vert**

Sauce
2 c. à s. de **gingembre** frais
râpé
2 c. à s. de **sauce de soja**
2 c. à s. d'huile de sésame
80 ml de **vinaigre de vin**
rouge
1 c. à s. de **sauce**
au piment douce
2 gousses d'**ail** pilées
80 ml de **kecap manis**
(sauce de soja sucrée)

Pour la sauce, mélangez le gingembre, la sauce de soja, l'huile de sésame, le vinaigre de vin rouge, la sauce au piment, l'ail et le kecap manis dans un grand saladier.

Laissez gonfler les nouilles 2 minutes dans un grand volume d'eau bouillante. Égouttez-les soigneusement et laissez-les refroidir dans un grand saladier.

Décortiquez les crevettes en gardant les queues. Versez la sauce sur les nouilles. Ajoutez les crevettes, l'oignon nouveau, la coriandre, le poivron et les pois gourmands. Remuez. Servez cette salade accompagnée de quartiers de citron vert.

phad thaï

Pour **2 personnes**

20 petites **crevettes** crues
200 g de **nouilles de riz** sèches
1 c. à s. de **crevettes** séchées
60 ml d'**huile végétale**
2 gros **œufs** légèrement battus
2 gousses d'**ail** pilées
1 petit **piment rouge** très finement émincé
2 c. à s. de **sucre de palme** râpé ou de sucre brun
60 ml de **jus de citron vert**
2 c. à s. de **nuoc-mâm**
50 g de **cacahuètes** grillées concassées
3 **oignons nouveaux** émincés en biseau
75 g de **germes de soja**
3 c. à s. de feuilles de **coriandre**
quelques quartiers de **citron**

Décortiquez les crevettes crues. Mettez les nouilles de riz et les crevettes séchées à tremper séparément 10 minutes dans l'eau bouillante puis égouttez-les.

Faites chauffer l'huile dans un wok. Quand elle fume, saisissez l'œuf battu 30 secondes puis cassez-le en petits morceaux. Ajoutez l'ail, le piment et les crevettes ; laissez cuire encore 15 secondes, sans cesser de remuer.

Incorporez le sucre, le jus de citron vert et le nuoc-mâm ; laissez cuire 15 secondes en remuant. Ajoutez les nouilles, un tiers des cacahuètes et les crevettes séchées. Laissez chauffer quelques secondes avant d'incorporer les oignons nouveaux et les germes de soja. Poursuivez la cuisson 30 secondes, transférez le tout dans un grand plat et agrémentez du reste de cacahuètes et de feuilles de coriandre. Servez immédiatement accompagné de citron jaune ou vert en quartiers.

spaghettini aux coques

Pour **4 personnes**

1,5 kg de **coques** vivantes
  bien nettoyées
2 c. à s. d'**huile d'olive**
1 **oignon** finement haché
2 belles gousses d'**ail** pilées
150 g de **champignons
  de Paris**
100 ml de **vin blanc sec**
450 g de **tomates** mûres,
  pelées et concassées
1 c. à s. de **purée
  de tomate**
1 pincée de **sucre
  en poudre**
500 g de **spaghettini**
  ou de pâtes longues
  et fines
2 c. à s. de **persil** ciselé

Dans une grande casserole, faites cuire les coques
5 minutes à feu moyen en couvrant hermétiquement.
Jetez toutes celles restées fermées. Récupérez le
liquide de cuisson dans un saladier, sortez les coques
de leur coquille et réservez.

Faites chauffer l'huile dans une sauteuse et laissez
fondre l'oignon et l'ail 5 minutes à feu assez vif. Ajoutez
les champignons et poursuivez la cuisson 5 minutes,
en remuant de temps en temps. Versez le vin dans
la sauteuse et laissez-le bouillonner quelques minutes.
Ajoutez les tomates et leur jus, la purée de tomate,
le sucre et le jus de cuisson des coques. Portez
à ébullition, passez sur feu moyen et laissez frémir
20 minutes à découvert, jusqu'à épaississement
de la sauce.

Mettez les coques à réchauffer dans la sauce. Faites
cuire les pâtes 4 à 5 minutes dans l'eau bouillante
salée, égouttez-les et remettez-les dans la casserole.
Saupoudrez les coques de persil puis versez le tout
sur les pâtes. Mélangez et servez sans attendre.

Pour apporter un goût différent, remplacez les
coques par des palourdes.

risotto à l'encre de seiche

Pour **4 personnes**

2 **calamars** avec
   leur poche d'encre
1 l de **bouillon**
   de poisson
100 g de **beurre**
1 **oignon rouge** finement
   haché
2 gousses d'**ail** pilées
350 g de **riz à risotto**
   (arborio, vialone nano
   ou carnaroli)
150 ml de **vin blanc**
2 c. à c. d'**huile d'olive**

Dans une casserole, portez le bouillon de poisson à ébullition puis laissez-le frémir.

Nettoyez et videz les calamars. Réservez l'encre dans un bol. Réservez les tentacules et hachez les corps très finement. Dans une sauteuse, faites fondre le beurre puis l'oignon sans le laisser roussir. Augmentez le feu. Ajoutez les corps des calamars et laissez-les cuire 4 minutes. Quand ils sont opaques, faites revenir l'ail rapidement, ajoutez le riz puis laissez cuire quelques minutes à feu doux, le temps que les grains soient enrobés de matière grasse.

Versez l'encre et le vin blanc sur le riz. Augmentez le feu et laissez cuire jusqu'à absorption du liquide.

Incorporez une louche de bouillon sur le riz et poursuivez la cuisson à feu moyen sans cesser de remuer. Continuez de mouiller jusqu'à absorption complète du liquide. Comptez 20 minutes pour un riz ferme. Selon la variété de riz, il vous faudra plus ou moins de bouillon.

Faites revenir rapidement les tentacules à la poêle dans l'huile d'olive. Ils doivent être opaques et légèrement bruns. Présentez-les sur le risotto et servez immédiatement.

annexe

table des recettes

entrées

plats d'hiver

plats d'été

recettes express

plats uniques